시로 읽는 / 예수의 비유와 표적

시로 읽는 예수의 비유와 표적

우리 삶의 아픔을 치유하는 표적 30개

시로 읽는 예수의 비유와 표적

김영진 시집

국민일보

비유와 표적의 나날들이 기적처럼 찾아들기를

추천사

비유와 이적 속에 녹아 있는
메시아 예수의 공생애 3년

이영훈 여의도순복음교회 담임목사

성경은 메시아 예수에 관한 이야기다. 구약은 장차 오실 메시아 예수에 관해 예언하고 있고, 신약은 이 땅에 오신 메시아 예수와 함께, 장차 다시 오실 메시아 예수에 관해 말하고 있다. 따라서 성경에 대해 알고자 한다면 메시아 예수에 초점을 맞추고 그분의 행적을 살펴보면 된다. 이 땅에 오신 메시아 예수는 33년의 생을 사셨는데, 본격적으로 활동하신 기간은 공생애 3년이다. 신약의 복음서 네 권이 바로 공생애 3년의 행적을 기록하고 있다.

공생애 3년 동안 메시아 예수는 천국 복음을 부지런히 전하시고 가르치셨다. 그러면서 각양각색의 아픈 자들을 정성껏 고쳐주셨다. 이 같은 메시아 예수의 사역을 아주 쉽고도 재밌게, 또 간략하게 압축적으로 살펴볼 수 있는 비결이 있다. 그건 메시아 예수의 비유와 표적을 살펴보는 것이다. 그분께서 들려주신 비유들과 행하신 표적들 속에 메시아 예수 공생애 3년의 행적이 고스란히 깃들어있기 때문이다.

아주 다행스럽게도 메시아 예수의 이적들과 표적들을 제대로 살펴본 책이 있다. 『시로 읽는 / 예수의 비유와 표적(김영진 저, 국민일보 간)』이란 책이다. 이 책을 보면 메시아 예수의 비유들과 표적들이 4연 4행의 시로 간략하게 요약되어 있고, 곁들여 해설과 관련 그림까지 제시되어 있다. 누구나 쉽고 재밌게 감동적으로 시를 읊듯 읽으면서 메시아 예수의 공생애 3년의 행적을 살펴볼 수 있다. 성경을 통해 메시아 예수의 행적을 알고픈 모든 성도들에게 꼭 필요한 책이라 사료되어 기꺼이 추천하는 바이다.

추천사

시로 읽고 그림으로 보는
메시아 예수의 3년 발자취

김삼환 명성교회 원로목사

  이 땅에 오신 예수님은 무엇을 하셨을까? 한 줄로 요약하면 전하시고 가르치시고 고치셨다. 천국 복음을 부지런히 전하셨고, 그 진리를 열심히 가르치셨으며, 모든 아픈 자들을 누구나 차별 없이 고쳐주셨다. 이 같은 사역을 하시면서 예수님은 즐겨 비유로 말씀하셨고 각종 표적을 행사하셨다. 이런 관점에서 예수님의 비유와 표적을 살펴보는 일은 아주 의미가 깊다.

  예수님의 행적이 기록된 복음서 네 권을 살펴보면 유사한 것들을 묶으면 예수님의 비유는 대략 40개, 표적은 30개 정도 된다. 이를 잘 살피고 면밀히 연구하여 이번에 책으로 엮어졌다. 시력(詩歷) 60년의 저명 시인이 『시로 읽는 / 예수의 비유와 표적(김영진 저, 국민일보 간)』이란 책으로 발간했다. 이 책을 보면 예수님의 비유와 표적 70개가 모두 4연 4행의 시로 한결같이 읊어져있다. 시로 못다 한 표현은 간략한 해설을 통해 보충 설명하고 있다. 곁들여 각각의 시들과 관련된 그림도 엄선해 제시되었다.

  이제 독자들은 복음서 곳곳에 흩어져 있는 예수님의 이적들과 표적들을 하나하나 찾아 헤맬 필요가 없다. 정성껏 한 데 모아, 시로써 재밌고 쉽고 감동적으로 운율적으로 읊은 이 책을 읽으면 된다. 가난하고 순수한 심령으로 읽으면서, 각각의 비유를 통해 천국 복음의 진수를 깨닫고 각각의 표적을 통해 오늘날 자신의 삶속에서도 자신만의 이적을 체험하길 바란다. 적어도 예수님의 공생애 삶을 알기 원하는 크리스천이라면, 본서는 아주 소중한 책이라 사료돼 본서를 추천하는 데 조금도 주저함을 느끼지 않는다.

들어가는 말

예수의 비유와 표적

오늘날 이 시대를 살아가는 나를 위한 구원과 생명의 복음

    이 땅에 오신 메시아 예수, 땅 위에서 33년의 생을 사셨다. 그 중 30년은 이스라엘 변방의 갈릴리 나사렛에서 가난한 목수의 아들로 사셨고 마침내 때가 이르자 본격적으로 공생애를 사신 세월은 3년이다. 예수는 공생애 3년을 어떻게 사셨을까? 한 구절로 요약해놓은 성경말씀이 있다. "예수께서 모든 도시와 마을에 두루 다니사 그들의 회당에서 가르치시며 천국 복음을 전파하시며 모든 병과 모든 약한 것을 고치시니라."(마 9:35) 요컨대 예수는 3대 사역을 행하셨다. 가르치시는 교육 사역, 천국 복음을 전파하시는 전도 사역, 그리고 모든 병과 약한 것을 고치시는 치유 사역이다. 이 같은 3대 사역이 구체적으로 드러난 것이 '예수의 비유와 표적'이다. 예수는 '비유'를 통해 가르치며 전도하셨고 '표적'을 통해 치유하셨기 때문이다. 따라서 예수의 비유와 표적을 살펴본다면 이 땅에 오신 예수의 공생애 사역에 대해 제대로 이해할 수 있다.

    예수의 공생애 3년이 기록된 복음서 네 권(마태복음, 마가복음, 누가복음, 요한복음)을 살펴보면 예수의 비유는 짧거나 길게 대략 50개 정도 말씀하셨는데 그것들을 살펴 유사한 것들을 한데 묶으면 모두 40개 정도로 정리될 수 있다. 또한 복음서에 기록된 예수의 표적은 대략 35개 안팎인데 이 역시 비슷한 것들을 한데 묶으면 30개 정도로 정리할 수 있다. 그리하여 예수의 비유 40개와 예수의 표적 30개를 가능한 한 시간

순서대로 4연 4행의 시로 만들었다. 거기에 그 시를 뒷받침해주는 해설과 그림을 덧붙였다. 그러므로 우리가 예수의 비유 40개 및 표적 30개의 시와 해설과 그림을 탐독한다면 우리는 예수의 공생애 전반을 두루 살피는 가운데 그분이 이 땅에 오신 목적과 의의 등을 올바로 깨닫게 될 것이다.

이제 예수의 비유 40개를 통해 아주 친숙하고도 재미있게 하늘나라의 심오한 진리를 깨닫고 천국 복음의 진수를 맛보도록 하자. 또한 예수의 표적 30개를 통해 이적이 목마른 이 세대에 이적의 날들이 기적처럼 찾아들기를 기도해보자. '예수의 비유와 표적'이라는 이 책을 통해 정녕 2000여 년 전 예수라는 청년에 의해 팔레스타인에서 들려진 비유들과 행해진 표적들이 오늘날 나와는 상관없는 옛적 흘러간 이야기가 아니라 바로 오늘날 이 시대를 살아가는 나를 위한 구원과 생명의 복음임을 생생하게 체험하는 은총의 시간이 되기를 간절히 바란다.

시로 읽는
예수의
비유와 표적

추천사
들어가는 말

1부 예수님의 비유 40개

빛과 소금, 그리고 등불	마 5:13-16; 막 4:21-22; 눅 8:16-17; 11:33	25
티와 들보	마 7:1-5; 눅 6:37, 41-42	27
좁은 문	마 7:13-14; 눅 13:22-24	29
반석 위의 집, 모래 위의 집	마 7:24-27; 눅 6:46-49	31
혼인집의 신랑	마 9:14-15; 막 2:18-20; 눅 5:33-35	33
생베 조각과 새 포도주	마 9:16-17; 막 2:21-22; 눅 5:36-38	35
장터의 아이들	마 11:15-19; 눅 7:31-35	37
씨 뿌리는 자	마 13:1-23; 막 4:1-20; 눅 8:4-15	39
곡식과 가라지	마 13:24-30	41
겨자씨와 누룩	마 13:31-33; 막 4:30-32; 눅 13:18-21	43
밭의 보물과 값진 진주	마 13:44-46	45
바다의 그물	마 13:47-50	47
한 마리 잃은 양	마 18:12-14; 눅 15:3-7	49
자비 없는 악한 종	마 18:23-34	51
포도원 일꾼과 품삯	마 20:1-16	53

포도원의 두 아들	마 21:28-32	55
포도원 주인과 악한 농부들	마 21:33-44; 막 12:1-11; 눅 20:9-18	57
임금님 아들의 혼인 잔치	마 22:1-14	59
무화과나무	마 24:32-35; 막 13:28-31; 눅 21:29-33	61
열 처녀	마 25:1-13	63
달란트와 므나	마 25:14-30; 눅 19:12-27	65
양과 염소	마 25:31-46	67
스스로 자라나는 씨	막 4:26-29	69
탕감 받은 두 빚진 자	눅 7:41-50	71
선한 사마리아인	눅 10:29-37	73
한밤중에 찾아와 간청하는 벗	눅 11:5-10	75
어리석은 부자	눅 12:16-21	77
깨어 주인을 기다리는 종	눅 12:35-40	79
지혜 있고 진실한 청지기	눅 12:42-48; 마 24:45-51	81
열매 없는 무화과나무	눅 13:6-9	83

큰 잔치	눅 14:16-24	85
잃은 드라크마	눅 15:8-10	87
돌아온 탕자	눅 15:11-32	89
불의한 청지기	눅 16:1-13	91
부자와 거지 나사로	눅 16:19-31	93
보잘것없는 종	눅 17:7-10	95
불의한 재판관과 끈질긴 과부	눅 18:1-8	97
바리새인과 세리	눅 18:9-14	99
선한 목자	요 10:1-18	101
포도나무와 가지	요 15:1-8	103

2부 예수님의 표적 30개

물을 포도주로	요 2:1-11	107
내 아들을 살려주소서	요 4:46-54	109
일어나 걸어가라	요 5:1-9	111
더러운 귀신아, 그에게서 나오라	막 1:21-27; 눅 4:31-37	113
시몬 장모의 열병	마 8:14-15; 막 1:29-31; 눅 4:38-39	115
비록 나병일지라도	마 8:1-4; 막 1:40-44; 눅 5:12-14	117
네 손을 내게 내밀라	마 12:9-13; 막 3:1-5; 눅 6:6-10	119
네 믿음대로 되리라	마 8:5-13; 눅 7:1-10	121
청년아, 일어나라	눅 7:11-15	123
귀신을 쫓아내니	마 12:22; 눅 11:14	125
바람과 바다야, 잠잠하라	마 8:23-27; 막 4:35-41; 눅 8:22-25	127
딸아, 병에서 놓여 평안하라	마 9:20-22; 막 5:25-34; 눅 8:43-48	129
달리다굼!	마 9:18-19, 23-25; 막 5:21-24, 35-43; 마 9:27-31	131
너희 믿음대로 될지라	눅 8:41-42, 49-56	133
빵 다섯 덩어리와 물고기 두 마리	마 14:13-21; 막 6:30-44; 눅 9:10-17; 요 6:5-15	135

나다, 두려워하지 마라	마 14:22-33; 막 6:45-52; 요 6:16-21	137
여자여, 네 믿음이 크구나	마 15:21-28; 막 7:24-30	139
에바다!	막 7:31-37	141
빵 일곱 덩어리와 물고기 두 마리	마 15:32-38; 막 8:1-10	143
무엇이 보이느냐	막 8:22-26	145
믿는 자에게는	마 17:14-20; 막 9:14-29; 눅 9:37-43	147
물고기 입속에서 동전을	마 17:24-27	149
실로암 연못으로	요 9:1-7	151
오랜 병마에서 풀려난 여인	눅 13:10-17	153
고창병을 고쳐주시다	눅 14:1-6	155
나사로야, 나오라!	요 11:17-44	157
네 믿음이 너를 구원하였다	마 20:29-34; 막 10:46-52; 눅 18:35-43	159
바싹 마른 무화과나무	마 21:18-22; 막 11:12-25	161
검을 쓰는 자, 검으로 망한다	눅 22:47-51	163
그물을 배 오른편에 던져라	요 21:1-13	165

1부
예수님의 비유 40개

예수님의 공생애 초기 시절, 갈릴리의 어느 야산에서 가르치신 산상수훈 가운데 나오는 비유다(마 5:13-16). 마가복음과 누가복음에도 유사한 형태로 나타난다(막 4:21-22; 눅 8:16-17; 11:33). 이 비유의 가르침은 분명하다. 사람이 등불을 켜는 이유는 그 등불의 빛을 숨기거나 감춰두기 위함이 아니고, 온 사방을 널리 비치도록 하기 위함이다.

마찬가지로 복음의 빛을 받아들인 등불 같은 사람들은 드러나지 않게 숨어선 안 되고, 그 복음에 따른 착한 행실을 사방에 널리 나타내어 세상의 어둠을 몰아내는 빛처럼, 세상의 부패를 방지하는 소금처럼 살아야 한다.

그렇게 살아야 하는 궁극적 목적은 빛과 소금 같은 선한 행실을 통해 뭇 사람들이 하늘 아버지께 영광을 돌리게끔 만드는 것이다.

고대 이스라엘의 등불
성도는 어둠의 세상을 비추는 등불 같은 존재가 되어야 한다

빛과 소금, 그리고 등불

너희는 세상의 빛
산 위에 세운 마을 숨길 수 없어
사람 눈에 띄게 마련이니
너희도 세상에 널리 빛을 비추어라

너희는 세상의 소금
소금이 그 맛을 잃으면
다만 밖에 버려져 짓밟힐 뿐이니
소금 맛 잃지 말고 살아라

그 누군들 등불을 켜서
됫박으로 덮어 두겠느냐
침상 아래 놓아두겠느냐
마땅히 등경 위에 올려 두지 않겠느냐

등불 같은 너희는 착한 행실로
어두운 세상 비추는 빛이 되고
세상 부패를 방지하는 소금이 되어
사람들로 하늘 아버지께 영광 돌리게 하여라

산상수훈에 나오는 티와 들보 비유다(마 7:1-5). 누가복음에도 같은 비유가 소개된다(눅 6:37, 41-42). 여기서 '티'(헬, 카르포스)는 아주 작은 부스러기를 가리킨다. 탈무드에서는 그리 중요하지 않은 사소한 흠을 가리키는 말이라고 해석되어 있다. 진리를 크게 손상하지 않는 작은 실수다. 반면에 '들보'(헬, 도코스)는 대들보 또는 통나무를 가리킨다. 진리를 거스르는 큰 허물이나 죄를 가리키는 말이다.

예수님 당시에 외식(外飾)하는 위선적인 유대 종교 지도자들은 자신들의 큰 허물이나 죄는 도외시한 채 눈에 불을 켜고 다른 이들의 작은 실수나 흠을 찾아내어 신랄하게 정죄하곤 했다. 예수님은 이 같은 심각한 폐단을 다소 과장 섞인 '티와 들보'의 비유로 예리하게 지적하며 쉽게 일깨워주셨다. 물론 오늘날의 우리에게도 똑같이 적용되는 가르침이다.

도메니코 페티 作 / 티와 들보의 비유
남의 눈속에 있는 티를 지적하기 전에 자기 눈속에 있는 들보부터 빼야 한다

티와 들보

눈 속에 들보가 있는 자야
네 눈의 들보는 못 보고
남의 눈 속에 티만 보며
그 티 빼라고 큰소리치느냐

위선자야, 너 먼저
네 눈 속의 들보부터 빼어라
그러고 나서 눈이 잘 보여야
남의 눈 속의 티도 빼줄 수 있을 터

비난받고 싶지 않거든
남을 비난하지 말아라
네가 하는 그 비난으로
도리어 네가 비난받게 될 것인즉

정죄 받고 싶지 않거든
남을 정죄하지 말아라
먼저 용서하고 사랑으로 품으면
너도 용서를 받으리니

좁은 문의 비유는 예수님의 공생애 초기인 산상수훈에도 나타나고(마 7:13-14), 공생애 후기인 예루살렘 여행 도중에도 나타난다(눅 13:22-24).

이 비유를 통해 예수님이 가르치려고 하신 건 영생을 얻는 길, 곧 천국에 이르는 길은 결코 쉽지 않다는 것이다. '좁은 문'은 하나님의 말씀대로 살아가는 삶을 상징하는 것으로, 세상 사람들에게 환영받지 못하는 고난의 길이다. 반면에 '넓은 문'은 세상 욕망을 추구하는 세속적인 삶을 상징한다. 따라서 타락한 사람들의 속성상 넓은 문으로 몰리고, 좁은 문으로는 들어가려 하지 않는다. 하지만 좁은 문으로 들어가는 사람들에겐 영생이, 넓은 문으로 들어가는 사람들에겐 멸망이 기다린다. 그래서 예수님은 좁은 문으로 들어가기를 '힘쓰라'고 하셨는데, 이 말은 운동 경기에서 이기기 위해 전력투구하는 것을 뜻한다.

도얀 뤼켄 作 / 좁은 문
성도는 자기 십자가를 지고 좁은 문으로 들어가야 한다

좁은 문

예수님이 예루살렘으로 올라가실 때
한 사람이 가까이 와서 묻는다
주님, 구원받을 사람이 적습니까
그 질문에 예수님이 대답하신다

너희는 좁은 문으로 들어가도록 힘써라
많은 사람이 그리로 들어가려 하겠지만
실제로 들어가는 사람은 매우 적으리니
후에는 들어가려 해도 들어갈 수 없으리라

일찍이 예수님은 산상수훈에서도 말씀하셨다
너희는 좁은 문으로 들어가라
그 문은 작아도 생명으로 이끄는 길이건만
그 길이 좁아서 찾는 사람이 매우 적느니라

많은 사람이 찾고 찾는 넓은 문
비록 그 문은 크고 그 길은 넓어도
그 큰 문을 통해 넓은 길을 걷다 보면
결국에는 사망과 멸망에 이르리라

예수님은 산상수훈을 마무리하면서 이 비유를 말씀하셨다(마 7:24-27). 지금껏 가르친 자신의 말씀대로 삶에서 실천하라는 의미에서 두 종류의 집, 곧 반석 위에 지은 집과 모래 위에 지은 집이란 비유를 말씀하셨다. 누가복음에도 같은 비유가 나오는데, 거기에는 모래 대신 '흙'으로 나타난다(눅 6:46-49). 교훈의 의미는 같다.

'반석'은 예수님의 가르침을 실천하는 자의 견고한 삶의 터전을 의미하고, '모래'나 '흙'은 말씀대로 살아가지 않는 자의 연약한 삶의 터전을 의미한다.

둘은 평상시에는 별다른 차이를 알 수 없다. 하지만 큰비, 홍수, 폭풍, 탁류 같은 외부의 강력한 시련이나 환난을 만나면 확연히 그 차이가 드러난다. 반석 위에 지은 집은 그대로 서 있지만, 모래(흙) 위에 지은 집은 와르르 무너져 내린다. 하나는 구원의 삶이고, 하나는 멸망의 삶이다.

반석 위에 지은 집과 모래 위에 지은 집
말씀대로 살아가는 삶은 폭풍우에도 무너지지 않는 반석 위에 지은 집과 같다

반석 위의 집, 모래 위의 집

지금까지 내가 한 말을 잘 들었느냐
나의 가르침대로 잘 따르도록 하여라
그런 사람은 견고한 반석 위에 집을 지은
지혜롭고 슬기로운 사람과 같다

어느 날 큰비가 쏟아져 홍수가 나고
폭풍이 세차게 불어와 흔들어대어도
견고한 반석 위에 지은 그 집은
절대로 무너지지 않는다

나의 가르침을 듣고도 따르지 않느냐
한 귀로 듣고 한 귀로 흘려보내느냐
그런 미련하고 어리석은 자는
주초 없이 모래 위에 집을 짓는다

어느 날 큰비가 쏟아져 홍수가 나서
거센 탁류가 콸콸 밀어닥치면
주초 없이 모래 위에 지은 그 집은
일시에 와르르 허물어진다

혼인집의 신랑 비유다(마 9:14-15; 막 2:18-20; 눅 5:33-35). 여기서 '혼인집의 신랑'은 예수님, '혼인 잔치의 손님들'은 예수님의 제자들을 가리킨다.

유대인의 혼인 잔치는 7일간 지속되었다. 당시 세례 요한의 제자들과 바리새인들은 일주일에 두 번(월요일, 목요일) 규칙적으로 금식했고, 거국적인 금식일(속죄일, 부림절 전날, 예루살렘 함락을 추념하는 아빕월 9일)에 금식했으며, 이 외에도 수시로 금식했다. 그런데도 예수님의 제자들은 금식보다는 먹고 마시는 일을 즐기는 것 같아서 이런 질문을 한 것이다.

이에 예수님은 제자들이 자신과 함께 있는 기간, 곧 천국 복음이 전파되는 기간을 '혼인 잔치'에 비유하셨다. 그런 잔치 중에는 금식이 적절치 못하고, 자신이 십자가에 죽으면 제자들이 슬픔에 빠져 금식하지 않을 수 없다고 답변하신 것이다.

파올로 베로네제 作 / 반가나의 혼인잔치
혼인집에서 신랑과 함께 있을 때는 굳이 금식할 필요가 없다

혼인집의 신랑

하루는 세례 요한의 제자들이 와서
예수님께 불만 섞인 목소리로 묻는다
우리와 바리새인들은 금식하는데
왜 선생님 제자들은 금식하지 않습니까

그 질문에 예수님이 대답하신다
혼인 예식에 온 신랑 친구들이
혼인집의 신랑과 함께 있는데
어찌 슬퍼하며 금식할 수 있겠느냐

그래도 세례 요한의 제자들이 묻는다
우리와 바리새인들은 자주 금식하는데
우리와 달리 선생님의 제자들은 어찌하여
웃으며 즐겁게 먹고 마십니까

예수님이 다시금 대답하신다
신랑과 함께 있는 지금은 슬퍼하지 않지만
언젠가 신랑을 빼앗길 날이 오면
그때는 크게 슬퍼하며 금식할 것이다

혼인집의 신랑 비유에 이어 곧바로 소개된 생베 조각과 새 포도주의 비유다(마 9:16-17; 막 2:21-22; 눅 5:36-38). 여기서 '생베'(헬, 아그나포스)는 한 번도 세탁된 적이 없는 새 천을 가리키는 말인데, 이것을 물에 빨아 말리면 크기가 줄어든다.
따라서 이 생베 조각을 낡은 옷에다 대고 꿰매면 생베는 오그라들어 낡은 옷을 잡아당김으로써 기운 효과는 전혀 없다. 오히려 해어짐만 더할 뿐이다.
새 포도주도 마찬가지다. 새 포도주는 강한 발효성이 있기에 그것을 신축성 없는 낡은 가죽 부대에 담으면 얼마 지나지 않아 부대가 터져버린다. 여기서 생베 조각과 새 포도주는 새롭고 역동적이며 생명력 있는 '천국 복음'을 가리키고, 낡은 옷과 낡은 가죽 부대는 낡고 쓸모없는 '유대교의 오랜 전통과 관습'을 가리킨다. 이 둘을 한데 엮을 수는 없다.

포도와 가죽부대
새 포도주는 새 가죽부대에 담아야 터지지 않는다

생베 조각과 새 포도주

생베 조각을 낡은 옷에 붙여 깁지 마라
생베 조각을 낡은 옷에 붙여 기우면
기운 생베 조각이 낡은 옷을 잡아당겨
옷이 더욱더 크게 찢어진다

새 포도주를 낡은 가죽 부대에 담지 마라
새 포도주를 낡은 가죽 부대에 담으면
새 포도주가 낡은 가죽 부대를 터뜨려
포도주는 쏟아지고 부대는 못 쓰게 된다

생베 조각은 새 옷에 붙여 깁고
새 포도주는 새 가죽 부대에 담아라
그래야만 옷이 그대로 보전되고
가죽 부대도 터지지 않는다

새것은 새것과 조화를 이루나니
낡은 것과 새것은 함께하지 못한다
낡은 것은 낡은 대로 흘려보내고
새것을 받아들여 더욱 새롭게 되어라

광야의 선구자 세례 요한은 금욕주의의 삶을 살았다. 자주 금식하고 포도주를 마시지 않고 모든 일에 절제했다. 그런 세례 요한을 보고 사람들은 '슬픔의 귀신'에 사로잡혔다고 비난했다.

그와 달리 예수님은 일상생활을 하였다. 빵을 먹고 포도주를 마셨다. 모든 계층의 사람들과 어울렸다. 그런 예수님을 보고 사람들은 먹기를 탐하고 포도주를 즐기며 세리와 죄인의 친구라고 비난했다. 이에 예수님은 당시 장터 아이들이 부르던 "우리가 너희에게 피리를 불어도 너희는 춤추지 않았고, 우리가 애곡하여도 너희가 울지 않았다"란 노랫말을 빌어 그 시대의 완악함과 무반응을 지적하셨다(마 11:15-19; 눅 7:31-35).

당시 사람들은 세례 요한과 예수님의 생활방식을 모두 비난했지만, 둘은 하나님의 지혜가 인도하는 대로 지혜롭고 올바르게 살았으므로 둘 다 옳았다.

장터에서 피리 부는 아이
장터에서 피리를 불어도 춤추지 않는 비정하고 무감각한 사람들

장터의 아이들

이 세대를 무엇에다 비유할까
아이들이 장터에 앉아 동무들에게 말한다
우리가 피리를 불어도 너희는 춤추지 않고
우리가 곡을 해도 너희는 울지 않는구나

세례 요한이 이 세상에 와서
먹지도 않고 마시지도 않으므로
사람들은 그를 비웃고 비난하였다
자, 봐라! 그가 귀신 들렸다고 욕했다

이제는 인자가 와서 먹고 마시므로
그들이 역시 그를 비웃고 비난한다
먹기를 탐하고 포도주를 즐기며
세리와 죄인의 친구라고 하는구나

귀 있는 자는 들어라
누가 잘못되었고 무엇이 틀렸느냐
지혜는 그 행한 일로 옳음이 입증되었고
지혜의 자녀들은 지혜가 옳다는 걸 드러냈다

예수님이 갈릴리 호수의 한 배에 올라 해변에 늘어선 무리에게 가르치신 유명한 비유다(마 13:1-23; 막 4:1-20; 눅 8:4-15). 다른 비유들과는 달리 이 '씨 뿌리는 사람'의 비유에 대해서는 예수님이 제자들에게 자세히 설명해 주셨다. 씨 뿌리는 사람은 천국 복음을 전하는 예수님이고 길가, 돌짝밭, 가시덤불, 옥토는 그 복음을 듣는 사람들의 각자 다른 심령 상태다.

길가에 뿌린 씨는 천국 복음을 듣고도 깨닫지 못해 공중의 새로 비유된 사탄의 먹잇감만 될 뿐이고, 돌짝밭에 뿌린 씨는 복음을 잠시 받되 뿌리 깊은 신앙이 없어서 환란이나 박해에 쉽게 넘어지는 자들이며, 가시덤불 속에 뿌린 씨는 어느 정도 자라지만 세상 염려와 재물의 유혹이 말씀을 막아 열매를 맺지 못하는 자들이다. 반면에 옥토(순전하고 가난한 심령)에 뿌린 씨는 말씀을 듣고 깨달아 백 배, 육십 배, 삼십 배의 풍성한 결실을 얻는 사람을 가리킨다.

씨 뿌리는 사람
씨 뿌리는 사람의 비유를 들려주시는 예수님

씨 뿌리는 자

예수님은 갈릴리 호수의 한 배에 올라앉으시고
무리는 해변에 늘어서서 말씀을 듣는다
씨 뿌리는 자가 밭에 씨를 뿌리는데
길가, 돌짝밭, 가시덤불, 옥토에 떨어진다

밭 옆 길가에 떨어진 씨들은
새들이 와서 그것을 냉큼 쪼아먹어 버리고
흙이 얇은 돌짝밭에 떨어진 씨들은
해가 뜨자 뿌리가 없어 그냥 말라 버린다

가시덤불에 떨어진 씨들은 조금 자랐지만
가시덤불이 자라서 그 기운을 막는다
옥토에 떨어진 씨들만 무럭무럭 자라
백 배, 육십 배, 삼십 배 결실을 얻는다

너희는 눈으로 보고 귀로 들어
천국의 비밀을 깨닫도록 하여라
예로부터 많은 선지자와 의인이
보고 듣고자 하여도 그럴 수 없었다

마태복음에만 소개된 밀과 가라지 비유다(마 13:24-30). '가라지'(헬, 지자니온)는 독보리의 일종으로 '가짜 밀'이라고도 불린다.

싹의 모습이 밀이나 보리와 흡사해서 실제로 이삭이 패기까지는 식별하기 어렵고, 그 뿌리가 땅에 깊이 박혀 있어 뽑기도 무척 힘들다. 그래서 가라지를 억지로 뽑다 보면 자칫 곡식까지 상하게 하는 경우가 있다. 밭의 주인이신 예수님은 사람들이 사는 세상이라는 밭에 천국 복음이라는 좋은 곡식의 씨를 뿌렸다. 하지만 예수님의 원수인 사탄은 그 밭에 사람들에게 해로운 가라지를 뿌린 것이다. 그래서 우리가 사는 이 세상에는 예수님께 속한 곡식(참된 신자들)과 사탄에게 속한 가라지(불신자, 거짓 신자들)가 함께 존재한다. 하지만 추수(최후 심판) 때 둘은 분리되어, 곡식은 천국 창고에 들어가고 가라지는 불못(지옥)에 던져진다.

가라지를 불태우는 농부
추수 때에 곡식은 곳간에 저장되고, 가라지는 불태워진다

곡식과 가라지

천국을 무엇에다 비유할까
좋은 씨를 자기 밭에 뿌린 사람 같구나
그런데 사람들이 모두 잠을 잘 때
원수가 와서 그 밭에 가라지를 뿌렸구나

밀밭에서 싹이 나고 결실할 때
가라지도 함께 자라 곳곳에 있구나
그 모습을 보고 종들이 주인에게 묻는다
주인님, 어디서 가라지가 생겨났을까요

아, 원수가 와서 내 밭에 가라지를 뿌렸구나
그러면 우리가 가서 당장 가라지를 뽑을까요
아니다, 그냥 그대로 가만두어라
가라지를 뽑다가 곡식까지 뽑을까 염려된다

곡식과 가라지 둘 다 추수 때까지 두어라
추수 때 추수꾼들이 가라지를 먼저 뽑아
단으로 묶은 뒤에 전부 불사를 것이고
곡식은 귀하게 모아 내 곳간에 넣으리라

겨자씨 비유(마 13:31-32; 막 4:30-32; 눅 13:18-19)와 누룩 비유(마 13:33; 눅 13:20-21)인데, 교훈의 핵심은 같다. 씨는 조용하지만 꾸준히 자란다. 그런 씨처럼 천국도 눈에 띄지 않게 조용히 자란다. 씨 중에서 특별히 겨자씨의 성장은 괄목할 만하다.

아주 작은 겨자씨처럼 천국도 초창기에는 무척 미미하지만 나중에는 아주 창대하게 된다. 팔레스타인의 겨자씨는 눈에 잘 보이지 않을 정도로 아주 작다. 하지만 1~2년 이내에 4~5m나 될 정도로 크게 자라는 성장력이 왕성한 식물이다. 천국은 또 누룩에 비유되었다. 누룩의 특징은 그 대상을 부풀게 하여 크게 확장하는 것이다. 이런 누룩처럼, 천국도 그 복음의 힘으로 점차 커지고 확장되기 때문이다. 겨자씨 비유가 천국의 외적이고 양적인 성장에 초점을 맞추었다면, 누룩 비유는 천국의 내적이고 질적인 성장에 초점을 맞추었다.

겨자씨의 비유를 말씀하시는 예수님
아주 작은 겨자씨가 자라나면 아주 큰 나무가 되어 새들이 깃들이게 된다

겨자씨와 누룩

천국은 무엇과 같은가
사람이 자기 밭에 가져다가 심은
겨자씨 한 알 같구나
땅 위의 모든 씨보다 작은 겨자씨

그 작디작은 겨자씨가 자라나면
모든 푸성귀보다 더 커지고
더욱 자라나서 나무가 되면
공중의 새들이 그 가지에 깃들인다

천국은 또 무엇과 같은가
밀가루를 부풀어 오르게 만드는 누룩
여자가 밀가루 서 말의 반죽 속에
살짝 섞어 넣은 누룩 같구나

누룩은 비록 적은 양이라도
밀가루를 크게 부풀어 오르게 하니
처음에는 작게 보이는 밀가루 반죽도
누룩이 들어가면 아주 크게 된다

마태복음에만 소개된 밭에 감춰진 보물(마 13:44)과 극히 값진 진주를 찾는 상인의 비유다(마 13:45-46). 두 비유를 통해 예수님이 가르치고자 하신 바는 분명하다.

천국은 이 세상의 다른 모든 것들에 앞서 우리가 가장 힘써 추구해야만 하는 최고의 우선 가치가 되어야 한다는 것이다. 이런 맥락에서 후일 사도 바울은 '예수 그리스도'에 비하면 세상의 모든 부귀영화는 한낱 배설물에 불과할 뿐이라고 고백했다(빌 3:7-9).

고대 유대 사회는 오늘날의 은행과 같은 재물을 맡길 만한 공식 기관이 없었다. 그래서 사람들은 자신의 값진 것들을 땅에 감춰두는 경우가 많았다. 밭에 감춰진 보물 비유에는 이런 시대적 배경이 있다. 그리고 '극히 값진 진주 하나'는 세상의 모든 진주들 가운데 오직 하나뿐인 극히 값지고 고급스러운 진주를 가리킨다. 천국이 그것과 같은 것이다.

렘브란트 作, 1630년 / 숨겨진 보화의 비유
천국은 밭에 숨겨진 보화 같으므로, 모든 것을 팔아 그 밭을 사야 한다

밭의 보물과 값진 진주

천국은 무엇과 같을까
천국은 밭에 숨겨놓은 보물 같구나
밭에서 보물을 발견한 그 사람
그 큰 기쁨을 어찌 말로 다 하랴

그 사람은 그 보물을 밭에 숨겨놓고
자기의 소유를 모두 팔아
그 밭을 자기 것으로 삼으니
그 보물도 그 사람 것이 되는구나

천국은 무엇과 같을까
좋은 진주를 애써 찾는 상인과 같구나
그가 극히 값진 진주 하나를 발견하면
그 큰 기쁨을 어찌 말로 다 하랴

그 사람은 그 진주를 갖기 위해
자기의 소유를 모두 팔아
그 진주를 자기 것으로 삼으니
세상에 부러울 것 하나 없구나

예수님이 바다의 그물을 던져 고기를 잡아 올리는 비유(마 13:47-50)를 베푸셨던 곳이 갈릴리 호수 주변의 어느 동네였다. 따라서 이 비유를 말씀하실 때 예수님은 갈릴리의 어부 출신 제자들과 갈릴리 호수에 서식하는 온갖 물고기 종류를 염두에 두셨을 것이다. 그리고 이 비유를 듣는 제자들과 갈릴리 주민들은 비유의 이미지를 머릿속에 선명히 떠올렸을 것이다. 과연 그랬다. 어부들은 바다 그물을 건져올린 뒤 해변에서 고기 분류 작업을 진행한다. 크기와 식용 여부 등을 고려하여 좋은 고기와 그렇지 못한 쓸모없는 고기를 가려낸다.

마치 곡식과 가라지 비유처럼(마 13:24-30), 천국 복음이 선포된 세상이라는 '바다 그물' 안에는 구원과 영생의 그릇에 들어갈 만한 참된 신자들, 불구덩이 속에 던져질 거짓 신자들과 불신자들이 함께 존재한다. 이 둘은 최후 심판의 날에 가려진다.

고기를 분류하는 어부들
좋은 고기는 바구니에 담고, 나쁜 고기는 내다 버린다

바다의 그물

천국은 바다에 그물을 던져
온갖 종류의 물고기를 잡는 것과 같다
바다에 넓게 그물을 쳐놓고
물고기를 잡는 것이 천국 같아라

그물에 갖가지 물고기가 가득 차면
어부는 그물을 해변에 끌어올린 뒤
쓸 만한 고기는 그릇에 따로 담고
쓸모없는 고기는 미련 없이 버린다

세상 마지막 날에도 이와 같아라
천사들이 천국 그물을 끌어올린 뒤
의인들 사이에서 악인들을 가려내어
그들을 불구덩이 속에 던져 넣으리라

그날 하나님의 최후 심판에서
구원과 영생의 그릇에 들어가지 못하고
활활 타는 불구덩이에 던져지는 악인들은
거기서 슬피 울며 이를 박박 갈리라

유명한 한 마리 잃은 양의 비유다(마 18:12-14; 눅 15:3-7). 이 비유의 교훈은 아흔아홉 마리의 양보다 한 마리 잃은 양을 더 아낀다는 것이 아니다.
안전한 곳에 있는 아흔아홉 마리보다 길 잃은 한 마리가 더 불쌍하기에 지대한 관심으로 끝까지 찾는다는 것이다. 마치 부모가 건강한 자녀보다 병약한 자녀에게 더 큰 애정과 보살핌을 주듯이 말이다. 여기 '잃은 양'은 좁게는 교회 공동체를 떠난 타락한 교인을, 넓게는 세상의 모든 죄인을 가리킨다. 그리고 '목자'는 큰 목자 되시는 예수님을 비롯하여 양 무리를 맡아 돌보는 작은 목자들인 주님의 모든 사역자를 가리킨다.
하나님의 기쁘신 뜻은 누구 하나도 잃어버리지 않고 구원과 영생의 우리 안에 들게 하는 것이다. 그래서 죄인 하나가 회개하고 돌아오면 회개할 것 없는 의인 아흔아홉보다 더욱 기뻐하는 것이다.

한 마리 잃은 양을 끝까지 찾으시는 예수님
잃은 양 한 마리를 찾으면 주님은 크게 기뻐하신다

한 마리 잃은 양

어떤 사람에게 양 1백 마리가 있다
어느 날 목자는 그중 한 마리를 잃는다
목자는 매우 놀라고 당황하여
한 마리 잃은 양을 찾아 헤맨다

아흔아홉 마리 양을 들판에 두고
한 마리 잃은 양을 찾으려고
온 들과 산을 두루 돌아다닌다
포기하지 않고 부지런히 찾는다

마침내 목자는 잃은 양을 발견한다
너무나 기뻐서 그 양을 어깨에 메고
집으로 돌아와서는 큰 잔치를 벌인다
친구들과 이웃 사람들을 불러 잔치한다

우리 모두 즐기며 마음껏 기뻐하자
오늘 내가 잃었던 양을 찾았다
한 마리 잃은 양을 끝까지 찾는 것
하늘에 계신 우리 아버지의 뜻이어라

예수님의 이 비유는 베드로의 질문 곧 "형제가 내게 죄를 지으면 몇 번이나 그를 용서해 주어야 합니까?"에 대해 답변 형식으로 주어진 것이다(마 18:23-34). 악한 종이 임금에게 진 빚 '1만 달란트'는 도무지 갚을 길 없는 어마어마한 금액이다.

당시 '달란트'는 최대 가치의 화폐 단위인데, 은(銀) 1달란트는 노동자 6천 일의 품삯이다. '데나리온'은 가장 보편적인 화폐 단위인데, 1데나리온은 노동자의 하루치 품삯이다. 악한 종의 빚은 절대 갚을 수 없는 금액이고, 동료 종의 빚은 얼마든지 갚을 수 있는 금액이다.

여기서 '1만 달란트'는 우리가 하늘 아버지께 진 빚이고, '1백 데나리온'은 같은 사람에게 진 빚이다. 그런데 하나님은 그 1만 달란트 채무를 탕감하고 용서하신다. 그러면 우리도 마땅히 우리에게 1백 데나리온 빚진 자를 탕감하고 용서해야 하지 않겠는가.

클로드 비뇽 作, 17세기 / 무자비한 종
왕은 많이 탕감 받고도 적게 빚진 동료를 무자비하게 핍박한 악한 종을 투옥시킨다

자비 없는 악한 종

천국은 임금과 종의 회계 같아라
어떤 임금이 자기 종을 불러 회계하는데
그 종은 임금에게 1만 달란트 빚진 자라
아무리 계산해도 갚을 길이 막막하구나

네 처자식과 소유를 다 팔아 빚을 갚아라
임금의 말에 그 종은 싹싹 빌며 애원한다
제발 조금만 참아 주시면 조만간 다 갚겠습니다
그런 종을 불쌍히 여긴 임금은 빚을 탕감한다

그 종이 길을 가다가 동료 종을 만나는구나
그 동료 종은 그에게 1백 데나리온을 빚진 자라
그 종이 동료 종의 멱살을 잡고 엄히 다그친다
내게 진 빚을 다 갚아라, 지금 당장 다 갚아라

동료 종이 엎드려 조금만 봐달라고 빌건만
그 종은 빚을 갚도록 동료 종을 옥에 가둔다
그 소식을 전해 듣고 크게 노한 임금은
빚을 다 갚으라며 그 악한 종을 옥졸에게 넘긴다

복음서 중 마태복음에만 소개된 비유다(마 20:1-16). 이 비유의 교훈은 맨 마지막 구절 곧 "나중 된 자들이 먼저 되고, 먼저 된 자들이 나중 되리라."는 말에 있다.

하나님의 포도원인 천국에서는 세상에서 먼저 된 자들(종교 지도자, 부자, 권세자, 선민 등)이 나중 될 수가 있고, 세상에서 나중 된 자들(가난한 자, 소외된 자, 이방인 등)이 먼저 될 수도 있다는 가르침이다. 이 비유에서 포도원 주인은 일꾼들이 일한 시간과는 상관없이 모두에게 똑같은 액수의 돈을 주었다. 이것은 구원이 사람의 수고나 공로에 달려있지 않고, 오직 하나님의 은혜와 주권적인 뜻에 달려 있다는 사실을 교훈한다. "내 것을 가지고 내 뜻대로 한다."는 말이 바로 그것이다. 일꾼들에게 준 '데나리온'은 신약시대에 쓰이던 로마제국의 은화(銀貨)를 가리키는데, 당시 노동자의 하루 품삯에 해당하는 가치를 지녔다.

크리스티안 빌헬름 디트리히, 1750년대 / 포도원 품꾼의 비유
포도원 주인은 일한 시간에 관계없이 모든 일꾼들에게 똑같은 품삯을 지급한다

포도원 일꾼과 품삯

천국은 포도원 주인과 같다
일꾼을 구해 포도원에 들여보내려고
이른 아침에 집을 나간 주인 같다
포도원 주인은 일거리 없는 일꾼을 종일 찾는다

일당을 한 데나리온으로 약속하고
이른 아침, 오전 9시, 정오,
심지어 해거름 오후 5시에도
일거리 없는 일꾼을 찾아 자기 포도원에 보낸다

포도원 주인이 관리인에게 명하여
맨 나중에 온 일꾼들부터 품삯을 주게 한다
오후 5시에 들어온 일꾼들도 한 데나리온이고
이른 아침의 일꾼부터 차례로 모두가 한 데나리온

일찍 온 일꾼들이 원망하자 주인이 나무란다
내 것을 가지고 내 뜻대로 못한단 말이오
내가 후한 게 당신 눈엔 거슬린단 말이오
꼴찌들이 첫째 되고 첫째들이 꼴찌 될 수가 있소

포도원 주인의 두 아들 비유다(마 21:28-32). 이 비유가 천국에 관해 가르치는 진리는 이러하다. 천국에 들어가는 길은 우리의 '말'에 의해서가 아니라 아버지 하나님께 어떻게 '행동'으로 응답하는가에 달렸다는 사실이다. 여기서 두 아들을 둔 포도원 주인은 '하나님', 두 아들 중 첫째는 '유대의 종교 지도자들'(넓게는 선민 이스라엘), 둘째는 '세리와 창녀들'(넓게는 이방인들)을 가리킨다. 당시 유대의 종교 지도자들인 바리새인, 서기관, 사두개인, 장로들은 겉으로는 율법과 의로움을 말하면서도 실제로는 세례 요한이 가르친 의로운 길을 배척하고 예수님의 권위를 부정했다. 반면에 당시 천대받던 소외 계층인 세리와 창녀들은 비록 겉모습은 타락한 듯 보였으나 실제로는 세례 요한과 예수님의 가르침을 듣고 뉘우치는 회개의 삶을 살았다.
그러므로 이런 자들이 천국에 가깝고 또 먼저 들어갈 수 있는 것이다.

안드레이 미로노프 作 / 포도원의 두 아들
첫째 아들은 간다고 했지만 가지 않았고, 둘째 아들은 안 간다고 했지만 결국 갔다

포도원의 두 아들

자, 너희의 생각은 어떠하냐
포도원 주인에게는 두 아들이 있다
그 아버지가 첫째 아들에게 말한다
얘야, 오늘 포도원에 가서 일해라

그 말에 첫째 아들은 흔쾌히 대답한다
네, 아버지! 가서 일하겠어요
그러나 그는 포도원에 가서 일하지 않았다
아버지는 둘째 아들에게도 같은 말을 한다

그 말에 둘째 아들은 투덜대며 대답한다
싫어요, 포도원에 가지 않겠어요
그러나 그는 나중에 뉘우치고 포도원에 가서 일했다
그러면 둘 중에 누가 아버지의 뜻대로 했느냐

사람들이 둘째 아들이라 답하자 예수님이 말씀하신다
세리와 창녀들이 너희보다 먼저 천국에 들어간다
너희는 세례 요한이 말한 옳은 길을 따르지 않았지만
세리와 창녀들은 뉘우치고 따랐기 때문이라

공관복음서에 소개되었다(마 21:33-44; 막 12:1-11; 눅 20:9-18). 이 비유는 대제사장들과 바리새인들도 그 의미를 쉽게 알아들었을 정도로 아주 명료하게 제시되었다.

여기서 각각 가리키는 바는 이러하다. 포도원 주인은 하나님, 포도원은 이스라엘(넓게는 세상), 악한 농부들은 유대의 종교 지도자들(넓게는 선민 이스라엘), 포도원 주인이 보낸 종들은 하나님의 선지자들, 포도원 주인의 사랑하는 아들은 예수 그리스도.

당시 외지에 거주하는 부유한 유대인들과 로마인들은 팔레스타인 경작지를 농부들에게 세놓는 일이 빈번했으므로 이 비유의 상황 설정은 익숙했다.

핵심 교훈은, 악한 농부들이 붙잡아 죽인 주인의 아들 곧 건축자들이 버린 돌이 교회의 모퉁잇돌이 되어 장차 심판의 날에 불신자들을 깨뜨리고 흩으시는 심판주가 되실 것이라는 사실이다.

포도원 주인의 아들까지 죽이는 악한 농부들
세상 사람들은 하나님의 아들인 예수 그리스도까지 십자가에 못 박아 죽였다

포도원 주인과 악한 농부들

한 사람이 포도원을 지어 울타리를 두르고
즙 짜는 틀도 만들고 망대도 높이 세운다
그런 뒤에 그것을 농부들에게 세를 놓고
그 주인은 머나먼 타국으로 떠난다

추수 때 주인은 소출을 받으려 종들을 보내지만
악한 농부들은 주인이 보낸 종들을
때리기도 하고 돌로 치기도 하고 죽이기도 한다
주인이 다른 종들을 더 많이 보내지만 마찬가지다

마지막으로 포도원 주인은 사랑하는 자기 아들을
포도원 농부들에게 보내면서 굳게 믿는다
아무리 그래도 그들이 내 아들은 존중하리라
그러나 농부들은 상속자인 아들마저 죽인다

포도원 주인은 크게 진노하여 악한 농부들을 다 죽이고
제때 소출을 낼 다른 농부들에게 포도원을 맡길 것이다
건축자들이 버린 돌이 모퉁이의 머릿돌이 되었으니
이 돌이 어떤 사람들을 깨뜨리고 가루처럼 흩을 것이라

임금 아들의 혼인 잔치에 등장하는 각각의 인물이 가리키는 바는 이러하다(마 22:1-14). 자기 아들의 혼인 잔치를 베푼 뒤 손님들을 초대한 임금은 하나님, 임금의 아들은 예수님, 초청받은 이들 중 처음 대상자는 유대인, 나중 대상자는 모든 인류, 임금이 보낸 종들은 구약의 선지자들과 신약의 복음 사역자들, 초청된 손님 중 예복을 입지 않은 자들은 의롭다 함을 받지 못한 불신자들, 택함 받은 자들은 믿음으로 의롭다 함을 받은 신자들이다.

임금 아들의 혼인 잔치는 권위와 품격이 있다. 그래서 임금은 예복을 입지 않은 손님에게 크게 진노한 것이다. 만일 초대받은 손님이 혼인 잔치에 입을 예복을 마련할 수 없을 때는 혼주 쪽에서 준비한 여벌 예복이 있다. 예복을 입지 않은 그 손님은 게으름이나 부주의로 입지 않은 것임에 틀림없다. 결국 그것은 임금을 무시한 큰 죄가 된다.

예복을 입지 않아 쫓겨나는 손님
임금은 청함을 받은 자는 많아도 택함을 받은 자는 적다고 말한다

임금 아들의 혼인 잔치

임금이 자기 아들을 위해 혼인 잔치를 베푸는구나
이미 초대받은 이들에게 종들을 보내 잔치에 오라고 한다
살진 짐승을 잡아 만찬을 준비했다며 재차 오라고 해도
끝내 오지 않고 그들은 저마다 자기들 갈 길로 가버린다

한 사람은 자기 밭으로 가고 한 사람은 장사하러 간다
나머지 사람들은 그의 종들을 붙잡아 모욕하고 죽인다
이에 크게 진노한 임금은 그 살인자들을 다 없애고
그들의 도시마저 활활 불살라 버린다

임금이 다른 종들을 보내며 다시 명령하는구나
사거리에 나가 아무나 잔치에 초대하여라
종들이 악한 사람 선한 사람 안 가리고 다 데려오니
임금 아들의 혼인 잔치 자리는 손님으로 가득 찬다

그때 예복을 입지 않은 한 사람을 본 임금이 묻는다
임금의 질문에 대답을 못하자 그의 손발을 꽁꽁 묶어
슬피 울며 이를 갈도록 바깥 흑암에 던지라 명령한다
진실로 청함 받은 자는 많되 택함 받은 자는 적구나

공관복음서에 모두 소개된 비유다(마 24:32-35; 막 13:28-31; 눅 21:29-33). 무화과나무는 팔레스타인에서 가장 흔한 나무다. 포도나무나 감람나무(올리브나무)와 더불어 이스라엘을 대표하는 나무다.

성경 문학상 이 나무는 '유대 민족'을 상징하기도 했다(호 9:10; 욜 1:6-7). 무화과나무 가지가 수액으로 부풀어 연해지고, 싹이 돋아 잎사귀가 생기면, 여름이 가까이 이르렀다는 것은 유대인들에게 보편적인 상식이었다. 예수님은 자신의 재림과 관련하여 이 비유를 사용하셨다. 계절과 나무의 변화를 통해 때를 분간할 수 있듯이 세상의 여러 일들을 통해 종말의 때를 알 수 있다고 가르치셨다. 여기서 세상 환난 및 재난에 관한 언급은 가까이는 예루살렘의 함락(주후 70년), 멀리는 예수님의 재림 직전에 교회와 성도가 겪을 대환난을 가리킨다.

팔레스타인의 무화과나무의 잎사귀
무화과나무에 푸른 잎이 돋으면 여름이 가까이 이른 것이다

무화과나무

무화과나무에서 교훈을 배워라
그 가지가 연해져서 싹이 돋고
그 가지에서 잎이 돋으면
사람들은 여름이 가까이 이른 줄 안다

너희 주변에서 일어나는 일을 보아라
환난과 재난이 이곳저곳에서 일어나고
세상에 불법과 타락이 범람하면
인자가 문 앞에 가까이 이른 줄 알아라

너희가 살아가는 세상에서
고통과 환난과 전쟁과 불법과 타락
이 모든 일들이 짙게 드리우면
인자가 문 앞에 가까이 이른 줄 알아라

이 세대가 끝나기 전에
이 모든 일들이 다 일어날 것이다
설령 하늘과 땅은 없어질지라도
나의 말은 절대로 없어지지 않으리라

마태복음에만 소개된 내용으로(마 25:1-13), 이 비유에 등장하는 인물들이 가리키는 바는 이러하다. 신랑은 예수님, 등잔과 기름을 준비한 슬기로운 다섯 처녀는 믿음으로 예수님의 재림을 준비한 참된 신자들, 기름을 준비하지 못한 미련한 다섯 처녀는 게으름이나 방심 등으로 예수님의 재림을 준비하지 못한 거짓 신자들이다. 열 처녀의 비유가 가르치는 핵심 교훈은, 주님의 재림은 언제 있을지 모르기 때문에 항상 깨어있어야 한다는 것이다.

이 비유는 유대인들의 혼인 풍습을 배경으로 삼는다. 유대인들의 혼인 잔치는 보통 일주일 동안 지속되었다. 잔치는 신랑 집에서 베풀고, 그 사이에 신부와 그의 친구들은 신부 집에서 신랑을 맞을 준비를 했다. 이때 신랑과 그의 친구들은 예고 없이 신부 집으로 찾아가 신부를 데리고, 한창 잔치가 벌어지는 신랑 집으로 축하 행렬을 지어 돌아간다.

피에테르 리사에르트 作, 17세기 / 열 처녀의 비유
슬기로운 다섯 처녀는 기름을 준비하고, 어리석은 다섯 처녀는 기름을 준비하지 않는다

신랑을 맞으러 나간 열 처녀

천국은 신랑을 맞으러 나가는 열 처녀 같구나
그중에서 다섯은 어리석고 다섯은 슬기롭다
어리석은 처녀들은 등잔에 기름을 살피지 않고
슬기로운 처녀들은 등잔에 기름을 가득 채운다

밤늦도록 기다려도 신랑이 오지 않자
열 처녀는 꾸벅꾸벅 졸다가 모두 잠이 든다
시간이 지나고 한밤중에 외치는 소리가 난다
신랑이 온다, 모두 나와 신랑을 맞이하여라

슬기로운 다섯은 등잔불 켜서 신랑을 맞이하나
미련한 다섯은 기름이 모자라 발을 동동 구른다
등잔불이 꺼져가니 기름 좀 나눠달라 부탁하지만
차라리 기름 장수에게 사서 쓰라는 말을 듣는다

미련한 다섯이 부랴부랴 기름을 사러 간 사이에
슬기로운 다섯은 신랑을 맞아 혼인 잔치에 들어간다
미련한 다섯이 나중에 와서 문을 열어 달라 빌지만
신랑은 그들을 도무지 알지 못한다며 거절하는구나

예수님의 재림 및 최후 심판과 연관된 비유다. 마태복음에는 '달란트'(마 25:14-30), 누가복음에는 '므나'로 소개된다(눅 19:12-27). 두 비유는 몇 가지 차이점이 있지만 전체적인 줄거리와 교훈은 같다. 예수님은 각 사람에게 '달란트'나 '므나' 같은 재능과 은사를 주셨다.

후일 예수님의 재림 때 각 사람은 최후의 심판대에서 자신이 받은 달란트나 므나의 활용에 대해 계산해야 한다. 그 결과에 따라 상급이나 징벌을 받는다.

예수님의 뜻은 각자가 얼마를 받고 무엇을 받았든, 그 재능과 은사를 성실하게 활용하여 하나님께 영광 돌리는 삶, 열매 맺는 신앙의 삶을 살아가야 한다는 것이다. 여기서 므나(Mina)는 예수님 당시의 화폐 단위인데, 1므나는 100데나리온 곧 60분의 1달란트의 가치를 지녔다. 그리고 1데나리온은 당시 노동자 하루치의 품삯이었다.

빌렘 드 푸테르 作, 17세기 / 달란트 비유
때가 되면, 모든 종들은 자신이 받은 달란트 혹은 므나에 대해 주인과 정산해야만 한다

달란트와 므나

어떤 주인이 먼 타국으로 떠날 때 종들을 불러
그 재능대로 다섯, 둘, 하나의 달란트를 맡긴다
다섯과 둘을 받은 종들이 열심히 장사해 남기자
돌아온 주인은 그들을 칭찬하며 상급을 베푼다

하나를 받은 종은 그것을 그대로 가져와서는
주인이 인색하여 그렇게 했노라고 말한다
성난 주인은 저 악하고 게으르고 무익한 종을
바깥 어두운 데로 당장 내쫓으라고 명한다

어떤 귀인이 왕위를 받으려고 먼 나라로 떠날 때
종들에게 한 므나씩을 주면서 장사하라고 명한다
왕위를 받고 돌아온 귀인이 종들과 계산할 때
장사를 잘하여 남긴 종들은 칭찬과 상급을 받는다

그러나 주인을 인색한 사람이라고 생각한 종은
받은 므나로 장사를 하지 않고 그대로 가져오니
주인은 그를 호되게 책망하고 바깥으로 내쫓는다
그가 가진 것마저 전부 빼앗고 빈손으로 쫓아낸다

예수님의 재림 및 최후 심판에 관련된 비유로 마태복음에만 소개되었다(마 25:31-46). 최후 심판을 주관하는 예수님은 처음에는 '인자(人子)'로 소개되었고, 나중에는 '임금'에 비유되었다. 처음 인자(사람의 아들)로 이 땅에 오신 예수님은 최후 심판 날에는 만왕의 왕인 임금으로서 모든 민족의 모든 사람을 심판하신다.

주로 흰색인 양들은 빛에 속한 구원받은 자들, 주로 흑색인 염소들은 어둠에 속한 저주받은 자들에 비유되었다. 또한 양들이 자리 잡은 '오른쪽'은 성경 문학상 복과 생명을, 염소들이 자리 잡은 '왼쪽'은 그와 반대로 저주와 사망을 상징한다. 그리고 심판주인 임금은 '지극히 작은 자'를 자신과 동일시했다. 그런 자들은 다른 이들의 도움과 돌봄을 필요로 하는 사회적 약자들과 소외된 자들인 가난한 자들, 고아, 과부, 나그네 등을 가리킨다.

6세기 모자이크, 아폴리나레 누오보 성당 / 양과 염소
최후 심판 때 양에 비유된 신자는 영생을 얻고, 염소에 비유된 불신자는 영벌에 처해진다

양과 염소

그날에 인자가 영광의 보좌에 앉아
모든 민족과 사람을 각각 분별하리라
목자가 양과 염소를 가려내듯 분별하여
양은 오른쪽에, 염소는 왼쪽에 세우리라

임금이 오른쪽에 있는 이들에게 말하리라
복 받은 사람들아, 너희는 나를 돌보아주었다
주릴 때, 헐벗었을 때, 병들었을 때, 갇혔을 때
내게 먹을 것과 입을 것을 주고 돌보아주었노라

임금이 왼쪽에 있는 자들에게 말하리라
저주받은 자들아, 너희는 나를 돌보아주지 않았다
내가 주리고 헐벗고 병들고 갇혔어도
나를 무시하고 한 번도 돌보아주지 않았노라

주님, 우리가 어느 때 누구에게 그랬습니까
내 형제 중 지극히 작은 자에게 대한 것이
바로 나를 그리 대한 것과 마찬가지니라
양들은 영생, 염소들은 영벌에 처해지리라

마가복음에만 소개된 비유다(막 4:26-29). 이와 유사한 천국 비유로는 '씨 뿌리는 자' (마 13:1-23), '겨자씨' (마 13:31-32), 그리고 '누룩' (마 13:33) 비유가 있다. 하지만 서로 강조점이 다르다. 씨 뿌리는 자의 비유는 씨(복음)의 성장에 좋은 토양, 곧 사람의 심령 상태에 강조점이 있다. 겨자씨와 누룩은 씨 자체의 괄목할 만한 외적이고 내적인 성장에 강조점이 있다. 그런데 '스스로 자라나는 씨'의 비유는 뿌려진 씨가 스스로 자라나게 하여 마침내 풍성한 결실에 이르게 하는 땅의 신비로운 능력이다.

인간의 눈에는 보이지 않지만 씨를 품은 땅의 역동성으로 인해 조용히, 점진적으로 자라나도록 역사하시는 하나님의 신비로운 주권적 손길이 강조되었다. 그러므로 하나님 나라는 농부(사람)의 수고로 결정되는 것이 아니라, 어디까지나 하나님의 주권적인 손길에 달려있음을 교훈한다.

스스로 자라나고 있는 씨
농부가 땅에 씨를 뿌려 놓으면 씨는 땅의 힘에 의해 밤낮 스스로 자라난다

스스로 자라나는 씨

하나님의 나라는 무엇과 같은가
농부가 땅에 씨를 뿌려 놓으면
그 씨는 스스로 자라난다
농부가 자든 깨어 있든 씨는 자란다

땅에 뿌려진 씨는 절로 자라난다
밤이든 낮이든 스스로 자란다
씨가 어떻게 스스로 자라는지
씨를 뿌린 농부도 알지 못한다

농부가 씨의 자람을 알지 못하는 건
땅이 씨를 자라게 하기 때문이라
땅에 뿌려진 씨는 땅의 힘으로
스스로 날마다 점차 자라난다

처음엔 싹 돋고 다음엔 이삭 나고
마침내는 낟알이 알차게 맺힌다
곡식이 무르익는 추수 때가 이르면
농부는 낫을 대어 곡식을 거둔다

예수님이 바리새인 시몬의 집에 초대받아 함께 식사할 때, 한 여인이 다가와서 예수님의 발에 향유를 부은 사건을 배경으로 한 비유다(눅 7:41-50). 이 비유에서 '빚을 준 자'는 예수님, '500데나리온 탕감 받은 자'는 죄인 된 여인, '50데나리온 탕감 받은 자'는 바리새인 시몬이다. 그리고 빚은 곧 '죄'를 뜻한다. 빚을 지고 또 탕감 받은 두 사람(바리새인, 죄인 된 여인)의 행동이 뚜렷하게 대조된다.

의인인 양 죄 사함의 은혜를 모르는 바리새인 시몬은 빚을 탕감해준 분께 어떤 감사의 표현도 하지 않는다. 그분을 사랑하지 않은 것이다. 반면에 죄 많은 여인은 죄 사함의 큰 은총에 그분을 많이 사랑하여 자신이 가진 최대의 것으로 최선을 다해 감사를 표한다. 물과 눈물, 발과 머리, 감람유와 향유 등이 선명하게 대조되어 두 사람의 행위를 잘 보여준다.

피터 폴 루벤스 作, 1618-20년 / 바리새인 시몬의 집 잔치
더욱 많은 죄를 용서받은 자가 더욱 주님을 사랑한다

탕감 받은 두 빚진 자

시몬아, 나의 말을 한번 들어보아라
어떤 사람에게 빚진 자가 둘 있다
하나는 오백, 하나는 오십 데나리온이지만
두 사람 다 그 빚을 갚을 힘이 없었다

빌려준 자가 불쌍히 여겨 그 빚을 탕감해주었으니
시몬아, 그러면 둘 중 누가 그를 더 사랑하겠느냐
당연히 많이 탕감 받은 자가 더욱 사랑하겠지요
시몬아, 네 판단이 옳도다

너는 내게 발 씻을 물조차 내어주지 않았건만
이 여자는 눈물로 내 발을 적시고 자기 머리털로 닦았다
너는 내게 입 맞추지 않고 기름도 발라주지 않았건만
이 여자는 줄곧 내 발에 입 맞추고 향유를 발랐다

많은 죄를 용서받은 사람이 나를 더욱 많이 사랑하는 법
이 여인은 많은 죄를 용서받았고 또 구원을 얻었느니라
그 죄를 많이 용서받은 자는 나를 더욱 사랑하겠고
그 죄를 적게 용서받은 자는 나를 적게 사랑하느니라

예루살렘에서 여리고까지는 대략 36km, 예루살렘은 해발 760m의 고지대이고, 여리고는 해면 아래 250m의 저지대다. 그래서 예루살렘에서 여리고로 내려가는 길은 가파르고 위험하다. 자주 강도들이 출몰하곤 했다. 이런 배경에서 '선한 사마리아인'의 비유가 소개되었다(눅 10:29-37). 이 비유는 자신을 옳게 보이려는 한 율법 교사가 예수님께 던진 질문 곧 "내 이웃은 누굽니까?"에 대해 답변 형태로 주어졌다.

이 비유에 등장하는 세 사람을 주목하자. 제사장과 레위인은 경건하고 의로운 자들로 여겨져 사람들의 존경을 받던 종교 지도자들이다. 반면, 사마리아인은 당시 유대인들에게 사람 취급도 못 받던 사람이다. 그런데 예상과는 달리 사마리아인만이 사랑의 실천으로 강도를 만난 자의 이웃이 되었다. 이웃을 찾을 게 아니라 내가 먼저 이웃이 되어야 한다.

강도 만난 자를 보살피는 선한 사마리아인
성도는 모든 아픈 자들에게 다가가 먼저 그들의 이웃이 되어야 한다

선한 사마리아인

내 이웃은 누구인가
어떤 사람이 예루살렘을 떠나
여리고로 내려가다가 강도를 만났는데
가진 것을 다 뺏기고 맞아 죽을 지경이라

마침 한 제사장이 그 길로 내려가다가
강도 만나 거반 죽게 된 그 사람을 보지만
얼른 피하여 다른 길로 돌아서 간다
한 레위인도 제사장처럼 피해 간다

한 사마리아인이 그 길로 내려가다가
강도 만나 죽게 된 그 사람을 보고는
얼른 달려가 상처를 싸맨 후 나귀에 태워
근처 주막으로 데려가 밤새 보살펴준다

다음날 그 사마리아인은 두 데나리온을 주며
비용이 더 들면 갚겠노라 하며 길을 떠난다
자, 그러면 누가 강도 만난 자의 이웃인가
너도 가서 사마리아인처럼 그렇게 행하여라

이 비유는 기도를 가르쳐달라는 제자의 요청을 받고 예수님이 '주님의 기도'를 가르쳐주신 후, 곧이어 기도 응답의 교훈을 일러주려고 소개되었다(눅 11:5-10). 요컨대 기도 응답의 비결은 '귀찮게 졸라대는 것'에 있다는 교훈이다.

팔레스타인의 시골 농가는 온 가족이 한 방의 한 이부자리 밑에서 다 같이 잠을 잔다. 그래서 한 사람이 깨어 움직이면 다른 사람들도 잠에서 깬다. 더군다나 문단속까지 전부 끝내고 잠자리에 든 한밤중이기에 다시 일어나 문빗장을 풀고 움직인다는 것은 여간 귀찮은 일이 아니었다. 그러했기에 한밤중에 빵을 빌리러 찾아온 벗의 요구에 쉽게 응할 수 없었다. 그런데도 벗이 포기하지 않고 끈질기게 계속 간청한다면 그 요구를 들어주지 않을 수 없다. 기도 응답에는 힘써 구하고, 열심히 찾고, 세차게 두드리는 끈질긴 요청이 요구된다.

한밤중에 벗에게 빵 세 덩이를 꾸어달라는 친구
벗됨을 인해서는 꾸어주지 않을지라도 그 간청함으로 인하여 꾸어준다.

한밤중에 찾아와 간청하는 벗

어느 사람에게 벗이 있는데
그 벗이 한밤중에 찾아와 빵을 구한다
그 벗에게 여행 중인 다른 벗이 찾아왔는데
대접할 게 없다며 빵 세 덩이를 꾸어달라 한다

그 사람이 안에서 벗에게 대답한다
이보게, 제발 나를 귀찮게 하지 말게
내가 이미 우리 집 문을 다 닫았고
내 식구와 함께 잠자리에 들었다네

그러면 어찌해야 되겠느냐
그래도 그 벗이 끈질기게 빵을 구하면
벗됨을 인해서는 꾸어주지 않을지라도
그 간청함으로 인해 꾸어주지 않겠느냐

하나님을 향한 너희 기도도 이와 같나니
구하라, 그러면 너희에게 주실 것이고
찾아라, 그러면 너희가 찾을 것이며
두드려라, 그러면 활짝 열어주실 것이다

'어리석은 부자' 비유다(눅 12:16-21). 이 비유에 등장하는 부자는 오직 자기 배만 생각한다. 내 곡식, 내 곡간, 내 영혼 등 온통 '자신의 것'에만 집착한다. 밭의 소출이 풍성하여 곡물이 차고 넘치지만, 오로지 더 크고 넓은 곡간을 지어 가득가득 쌓아두고 오래도록 자신을 위해 즐기려고만 할 뿐이다. 가난한 이웃에게 베풀거나 하나님께 대한 감사의 봉헌 따위는 관심 밖이다. 그런데 부자가 착각한 게 있다. 자기 영혼이 자기 것인 줄 알았지만 그게 아니었.

하나님의 것이었다. 하나님께서 당장 그걸 도로 찾으시면, 부자의 모든 인생 계획은 산산조각이 난다. 누구든 자신에게만 부요하고 하나님께 대해 부요하지 못한 자들은 이 어리석은 부자와 같다. 하나님께 대해 부요하다는 것은 구제, 베풂, 자선 등을 통해 자기 재물을 천국 곡간에 쌓아두는 것이다.

렘브란트 作, 1627년 / 어리석은 부자의 비유
하나님이 그 영혼을 도로 찾으면 어리석은 부자의 계획은 물거품이 된다

어리석은 부자

어느 마을에 한 부자가 있다
그해에도 큰 풍년이 들어
그는 밭에서 많은 소출을 거둔다
곡간에 쌓아둘 곳이 없도록 차고 넘친다

그 부자는 마음속으로 궁리한다
내 소출을 쌓아둘 곳이 없으니 어떻게 할까
그래, 지금의 이 곡간을 헐고 더욱 크고 넓게
새 곡간을 지어 거기에 쌓아두리라

그런 뒤 내 영혼에게 이렇게 말하리라
내 영혼아, 평안히 쉬고 먹고 마시고 즐겨라
여러 해 쓸 먹거리를 넘치도록 쌓아두었으니
오래도록 먹고 마시며 인생을 즐기자꾸나

그런 부자에게 하늘의 하나님께서 이르신다
어리석은 자야, 오늘 밤 네 영혼을 도로 찾으면
네 곡간에 쌓아둔 것들이 누구의 것이 되겠느냐
하나님께 대해 부요하지 못한 자가 이와 같노라

예수님이 자신의 재림과 관련하여 베푸신 비유다(눅 12:35-40). 이 비유에는 당시의 혼인 풍습과 가옥 구조 등이 나타난다. 유대인 사회의 혼인 잔치는 저녁에 시작되어 대개는 한밤중에 끝난다. 그러므로 혼인 잔치에 참석한 집주인은 밤이 깊어서야 자기 집에 도착할 수 있었다.

밤의 시간대에 관해 살펴보자. 하룻밤을 넷으로 나눈 로마의 시간 구분법에 따르면 이경(二更)은 밤 9~12시, 삼경(三更)은 밤 12시~새벽 3시를 가리킨다. 또한 예수님 당시에 팔레스타인의 일반 가옥은 흙벽돌로 지어졌으므로 도둑들이 집 벽을 뚫고 침입하는 경우가 종종 있었다.

이 비유의 가르침은 분명하다. 마치 도둑처럼, 예수님이 언제 어느 때 재림하실 것인지에 대해선 도무지 알 수 없다. 하지만 반드시 다시 오실 것이므로 믿는 자들은 항상 깨어 있는 삶, 예수님의 재림을 맞이할 신앙의 준비를 갖추어야 한다.

깨어 등불을 켠 채 주인을 기다리는 종
주인이 돌아왔을 때 언제든 깨어 주인을 맞이하는 종은 복이 있다

깨어 주인을 기다리는 종

너희는 허리띠를 단단히 동여매어라
항상 등불을 켜놓고 준비하고 있어라
주인이 혼인 잔치에서 돌아와 문을 두드리면
즉시 열어줄 채비를 갖춘 사람처럼 되어라

주인이 자기 집으로 돌아왔을 때
깨어 자신을 기다리는 종들을 보면
그 종들에게는 복이 있을 것이니
주인이 허리띠를 매고 그들을 시중들리라

주인이 언제 집으로 돌아올는지 모른다
이경에 올지 삼경에 올지 모르니
항상 깨어 주인을 기다려라
허리띠를 매고 등불을 켠 채 기다려라

만약 도둑이 어느 때에 올 줄 안다면
어느 집주인인들 도둑질을 당하겠느냐
그 집이 뚫리지 않도록 지키지 않겠느냐
이처럼 생각지 않은 때에 인자가 오리라

예수님의 재림 및 최후 심판에 관련된 비유다(눅 12:42-48; 마 24:45-51). 이 비유에서 '주인'은 예수님이다. 그 주인은 청지기에게 집안 종들을 맡기고 집을 떠났다. 주인은 언제 집으로 돌아올지 모른다. 청지기(헬, 오이코노모스)는 주인을 대신하여 집안일을 도맡아 관리한다. 이때 두 종류의 청지기가 있다. 하나는 지혜 있고 진실한 자이고, 다른 하나는 어리석고 불신실한 자다. 지혜 있고 진실한 청지기는 주인의 뜻에 따라 직무를 잘 감당한다.

어리석고 불신실한 청지기는 주인의 뜻을 어기고 제 마음대로 행한다. 주인은 청지기가 전혀 예상치 못한 때에 돌아온다. 이때 두 청지기의 운명은 갈린다. 하나는 상급, 다른 하나는 징벌을 받는다. 더 크고 많은 걸 맡은 청지기에게는 주어진 특권이 큰 만큼 그에 따른 책임도 크다. 많은 걸 받은 청지기에게는 더 많은 것이 요구되고, 많은 걸 맡은 청지기에게는 더 많은 책임이 요구된다.

칼 H. 블로흐 作, 1877년 / 비유로 가르치시는 예수님
너희는 주인의 뜻을 따르는 지혜 있고 진실한 청지기가 되어야 한다

지혜 있고 진실한 청지기

너희 가운데 그런 사람이 누구냐
지혜 있고 진실한 청지기가 되어
때맞춰 자신이 맡은 주인의 종들에게
양식을 제때 나누어줄 자가 누구냐

주인이 그런 청지기를 보면
그 청지기는 진실로 복이 있다
주인이 그 청지기를 믿고 사랑하여
그에게 자기의 모든 소유를 맡기리라

만약 어리석고 불신실한 청지기는
주인이 더디게 돌아올 거라고 생각하여
맡은 종들을 때리며 먹고 마시고 취하면
불시에 주인이 와서 그를 엄히 벌하리라

주인의 뜻을 알면서 준비도 하지 않고
그 뜻에 따르지 않은 종은 많이 맞으리라
주인에게 많이 받고 많이 맡은 자들에게는
주인이 많이 요구하고 많이 달라고 하리라

이 비유(눅 13:6-9)는 빌라도에게 죽임당한 갈릴리 사람들, 또 무너진 실로암 망대에 깔려 죽은 예루살렘 사람들이 다른 사람들보다 죄가 더 많은 건 아니라는 말과 함께, 누구든 회개하지 않으면 그처럼 망할 것이라는 교훈을 들려주시려는 비유다. 따라서 이 비유의 핵심은 '회개'다. 죄악에서 돌이켜 하나님의 뜻대로 살아감으로써 삶의 열매를 맺는 것이다. 이 비유에서 무화과나무를 심고 열매를 바라는 주인은 '하나님'이다. 조금만 더 기다려 달라고 사정하며 중재하는 포도원지기는 '예수님'이다. 무화과나무는 '이스라엘 백성'(넓게는 모든 신자)이다. 비유의 교훈은 이렇다.

인내의 기간이 끝나는 최후 심판의 때가 이르기 전에 자기 잘못을 돌아보고 즉시 회개함으로써 열매 맺는 삶, 곧 빛의 열매(엡 5:9), 성령의 열매(갈 5:22-23)를 맺는 삶을 살아야 한다는 것이다.

열매를 맺지 못하는 무화과나무
주인은 그 나무를 당장 찍어버리라고 말하지만, 포도원지기는 한 해만 더 기다려달라고 애원한다

열매 없는 무화과나무

한 사람에게 포도원이 있는데
그곳에 무화과나무 한 그루를 심는다
알찬 무화과가 주렁주렁 달리기를 바라며
포도원에 자주 가서 나무를 살펴본다

이미 열매 맺을 때가 지났는데
무화과나무는 열매를 맺지 못한다
그 나무에 대해 크게 실망한 주인이
나무를 돌보는 포도원지기에게 말한다

내가 삼 년이나 계속 참고 기다리면서
이 나무가 열매 맺기를 바라고 바랐건만
도무지 열매 맺지 못하니 당장 찍어버려라
어찌 아까운 땅만 버리게 하겠느냐

그 말에 포도원지기가 놀라서 애원한다
아, 주인님! 올해만 그냥 그대로 두십시오
제가 고랑을 두루 파고 거름을 듬뿍 주리니
그때 가서도 열매 맺지 못하면 찍어버리십시오

이 비유는 예수님이 어느 바리새인의 집에 초대받아 식사하던 중 누군가가 "하나님 나라의 잔치에 참석하는 사람들은 얼마나 복될까요?"라고 말하자, 누가 정녕 하나님께서 베푸신 '큰 구원의 잔치'에 참석할 수 있는지를 가르쳐주려고 소개된 것이다(눅 14:16-24). 이 비유에는 유대인의 잔치 풍습과 예절이 들어 있다.

유대인은 잔치를 마련할 때 미리 올 사람들을 초대하여 그 수효에 맞춰 음식을 준비한다. 갑작스럽게 상(喪)을 당하는 것 같은 불가피한 사정이 아닌 경우, 온다고 하고 오지 않는 건 엄청난 결례이자 무시였다. 처음에는 초대에 응했다가 나중에 거절한 세 사람의 경우가 그러하다.

그들은 유대의 종교 지도자들(넓게는 선민 이스라엘)을 가리킨다. 그리고 나중에 초대받은 사람들은 유대의 사회적 약자들(넓게는 이방인들)을 가리킨다.

큰잔치를 베풀고 손님들을 초대하는 주인
각종 핑계를 대며 큰잔치에 참여하지 않는 자들은 천국 잔치를 맛보지 못한다

큰잔치

어떤 사람이 큰잔치를 마련하고
많은 사람을 그 잔치에 초대한다
주인은 잔치할 시간이 되어 종들을 보내
초대한 사람들을 전부 오라고 한다

그러나 사람들은 핑계를 대며 오지 않는다
밭을 샀으니 거기 가보아야 한다는 사람
겨릿소 다섯 쌍을 샀으니 부려보겠다는 사람
방금 장가를 들었으니 못 간다는 사람

모두 거절하자 화가 난 주인이 종에게 말한다
시내의 모든 거리와 골목골목을 다니면서
가난한 자, 지체장애인, 눈먼 자, 다리 저는 자
누구든지 가리지 말고 전부 데려오도록 하여라

종들이 시키는 대로 했지만 여전히 자리가 비자
성 바깥 길거리와 산간마을까지 가서 데려온다
마침내 큰잔치 자리가 채워지자 주인이 말한다
처음 초청받은 자들은 내 잔치를 맛보지 못하리라

이 비유는 예수님의 비유들 중 잃었다가 되찾은 세 개의 비유 곧 '잃은 양'(눅 15:4-7), '잃은 드라크마'(눅 15:8-10), '잃은 아들'(눅 15:11-32)의 비유 중 하나다. '드라크마'는 당시 그리스(헬라)의 화폐 단위인데 로마의 화폐 단위인 '데나리온'과 같다. 1드라크마는 노동자 하루치 품삯이다. 그런데 여인이 잃어버린 드라크마 한 개는 모두 10개의 드라크마로 구성된 결혼지참금 중 하나다.

유대 사회에서는 남자가 여자를 아내로 맞이할 때 결혼지참금 형식으로 드라크마 열 닢을 줄에 꿰어 건네주었고, 여인은 그것으로 자기 머리를 장식하곤 했다. 따라서 잃어버린 드라크마 한 개는 액면 이상의 소중한 가치가 있었다. 여기서 이 비유의 강조점은 '소중한 것을 잃었다가 되찾은 기쁨'에 있다. 죄인 하나를 되찾는 것은 하늘나라의 크나큰 기쁨이 된다는 교훈이다.

도메니코 페티 作 / 잃은 드라크마의 비유
한 여인이 등불을 켜고 잃어버린 드라크마를 부지런히 찾고 있다

잃은 드라크마

한 여인에게 드라크마가 있다
전부 열 개의 드라크마를 갖고 있다
그 여인은 열 개의 드라크마를
매우 사랑하고 소중하게 여긴다

하루는 열 개의 드라크마 중에서
한 개가 어디론가 없어진 걸 알았다
여인은 몹시 놀라고 당황하여
없어진 한 개를 부지런히 찾는다

등불을 켜고 집안을 샅샅이 뒤진다
구석구석을 쓸며 찾고 또 찾는다
마침내 여인은 드라크마를 찾았다
잃은 그 드라크마를 찾고야 말았다

드라크마를 찾은 여인은 너무나 기뻐
벗과 이웃을 불러 큰잔치를 벌인다
이처럼 죄인 하나가 회개하고 돌아오면
하나님의 천사들이 크게 기뻐하리라

성경의 비유들 중 유명한 '돌아온 탕자' 비유다(눅 15:11-32). 유대인의 율법에 따르면(신 21:17), 큰아들은 다른 형제들에 비해 두 몫의 유산을 분배받는다. 따라서 여기서 작은아들은 아버지 유산의 3분의 1을 받았을 것이다. 유산의 상속은 아버지의 장례 이후에 행해지는 것이 오랜 관습이다. 그 전에 자기 몫의 유산을 주장하는 것은 아주 불효한 행동이다.

작은아들은 아버지 가슴에 대못을 박고 아버지 품을 떠나 제멋대로 살다가 인생을 망가뜨린 탕자다. 이 '탕자'는 유대인 중 멸시받던 세리, 창녀, 죄인(넓게는 이방인)을 가리킨다. 아버지 곁을 지킨 '큰아들'은 스스로 의롭다고 생각한 유대의 종교 지도자들(넓게는 선민 이스라엘)을 가리킨다. 이 비유의 핵심은 '잃었다가 되찾은 기쁨'이다. 그래서 비록 전부를 탕진했더라도 결국 아버지의 품으로 돌아온 탕자는 아버지의 크고 넘치는 기쁨이 되었다.

돌아온 탕자를 반기는 아버지
아버지는 돌아온 탕자를 반기며 그를 위해 큰 잔치를 베푼다

돌아온 탕자

어떤 사람에게 두 아들이 있다
하루는 작은아들이 제 몫의 유산을 챙겨
아버지의 품을 떠나 먼 나라로 떠나간다
그는 허랑방탕하여 가진 재산을 모두 탕진한다

돈 한 푼 없는데 그 나라에 흉년까지 들어
작은아들은 끼니조차 제대로 이을 길이 없다
할 수 없이 어떤 집에 더부살이하며 돼지를 치고
쥐엄나무 열매라도 먹으려 했지만 그마저 여의치 않다

아, 내가 하늘과 아버지께 큰 죄를 지었구나
이젠 아버지 집으로 돌아가 품꾼으로라도 살아가리라
아버지는 돌아오는 작은아들을 멀리서 보고 달려나가
그를 껴안고 입 맞추며 살진 송아지로 잔치를 벌인다

그런 잔치 소식을 들은 큰아들이 불평하니
아버지가 큰아들을 다독이고 타이르며 말한다
애야, 네 동생은 죽었다가 살았고 잃었다가 얻었으니
잔치를 베풀어 함께 기뻐하는 것이 마땅하지 않느냐

불의한 청지기 비유(눅 16:1-13)는 해석하기가 난해하다. 하지만 곁가지를 쳐내고 비유의 핵심 교훈에 주목한다면 그리 어렵진 않다. 주인은 청지기의 행위를 칭찬한 게 아니고, 그 방법 여부를 떠나 앞일을 대비하는 그의 지혜로운 처신을 칭찬한 것이다. 여기에서의 교훈은 이러하다. 불의한 세상 사람들도 자기 앞일을 대비하려 온갖 지혜를 동원한다. 하물며 믿는 자들이 영생(永生)을 대비하는 데 최선을 다해 노력하는 것이 마땅하다는 것이다.

이 비유에서 예수님은 세상 재물을 '작은 것'이라 표현했고, 영적 은사를 '큰 것' 또는 '참된 것'이라 표현하면서 둘의 연관성을 제시했다. 요점은 '충성'이다. 맡은 일에 최선을 다하는 충성이다. 하나님께서는 영적 은사 같은 크고 참된 것을 맡기기 전에, 우리가 세상 재물 같은 작은 것을 어떻게 사용하는지를 면밀하게 테스트하신다.

안드레이 미로노프 作 / 불의한 청지기의 비유
불의한 청지기는 지혜롭게 행하여 빚진 자들의 빚을 삭감해준다

불의한 청지기

어떤 부자에게 청지기가 있는데
그 청지기는 주인의 재산을 허비한다
주인이 그를 불러 다그치고 책망하며
보던 일을 셈하고 직무를 그만두라 한다

그 말에 청지기는 걱정하며 한탄하기를
이제부터는 무엇을 해야 한단 말인가
땅을 파서 먹고 살자니 내겐 힘이 없고
남에게 손을 벌려 빌어먹자니 부끄럽구나

그래, 내가 아직 할 일이 있구나
주인에게 빚진 자들의 빚을 삭감해주리라
청지기는 빚진 자들을 한 사람씩 불러
빚 문서에 적힌 액수를 대폭 줄여준다

자, 불의한 청지기가 대처하는 걸 보아라
이 세상 자녀들이 빛의 자녀들보다 슬기롭구나
그러니 너희는 세상 재물로 친구를 사귀어라
작은 일에 충실한 사람은 큰일에도 충실하리라

누가복음에만 소개된 비유다(눅 16:19-31). 자기 재물로 오로지 자신의 배만 채우고 자기 쾌락만을 추구하는 자들에 대한 경고다. 부자가 풍요롭게 사는 것 자체가 죄는 아니다. 하지만 구제와는 담쌓고 오로지 자기 쾌락만을 위해 사는 것은 죄다.

이 비유에서 부자는 자기 집의 대문 앞에 굶주리고 병든 거지가 있음을 알고도 그에게 냉수 한 그릇조차 떠주지 않은 채 시종일관 무시한다. 그것이 그를 고통의 음부에 떨어뜨린 죄다.

양과 염소의 비유(마 25:31-46)에서 예수님은 나사로처럼 '지극히 작은 자'를 자신과 동일시하신다. 또한 이 비유에서 죽음 이후에는 어떠한 회개나 구원의 기회가 다시 주어지지 않는다는 교훈을 준다. 죽을 때 들어간 상태(낙원 혹은 음부)로 최후의 심판을 받아 영원한 천국과 지옥으로 들어가게 된다. 이른바 '연옥(煉獄)'은 없다.

보나파치오 데 피타티, 16세기 / 부자와 나사로
세상 삶과는 반대로 부자는 죽어서 음부에, 나사로는 죽어서 낙원에 들어간다

부자와 거지 나사로

어느 성읍에 호화롭게 사는 한 부자가 있다
그는 비싼 옷을 입고 매일 즐기며 산다
부잣집 대문 앞에는 한 거지가 있는데
나사로란 이름 가진 그는 굶주리고 아프다

나사로는 부자의 식탁에서 떨어지는 음식으로
굶주린 배를 채우고, 몸의 헌 데는 개들이 핥아준다
둘은 죽어 나사로는 아브라함 품에 안겨 위로받고
부자는 깊은 음부에 떨어져 극심한 고통을 겪는다

부자가 눈을 들어 아브라함 품의 나사로를 보고
그의 손가락에 물을 찍어 자기 혀를 적셔 달라고 한다
아브라함이 둘 사이에 큰 구렁텅이 있어 안 된다 하니
나사로를 자기 형제들에게 보내 증언케 하라고 청한다

지상의 그들에겐 모세와 선지자들이 증언한다고 하자
죽은 나사로가 돌아가 증언하면 회개할 거라고 말한다
이에 누구든지 모세와 선지자들의 증언을 듣지 않는다면
죽은 나사로가 돌아가 증언해도 듣지 않으리라 대답한다

누가복음에만 소개된 비유다(루카 17:7-10). 이 비유를 살필 때 현대의 주인과 종업원의 관계를 생각해선 안 된다. 오늘날처럼 직업의 귀천 없이 모두가 동등한 인격을 지닌 사람들 사이의 평등한 관계를 생각해선 안 된다. 지금으로부터 2천 년 전, 종이 한낱 주인의 재산으로 취급받던 고대 사회의 '주인과 종'의 관계를 염두에 두고 살펴야 한다.

여기서 강조할 것은 종에 대한 주인의 행동이 아니라, 주인에 대한 종의 자세다. 종은 칭찬이나 보상을 위해서가 아니라 종의 신분에 맞게 마땅히 해야 할 일을 하는 자다. 이를 통해 예수님은 우리의 영적 교만을 엄히 경계하셨다. 주님의 종인 우리는 주님께서 명하신 바를 다 수행했다고 해서 마땅한 칭찬과 보상을 기대해선 안 된다. 이 비유에서처럼 주님 앞에 언제나 "나는 다만 보잘것없는 종입니다."라는 겸허한 자세로 임해야 한다.

주인을 받드는 종
종은 자신이 행할 바를 다 행하고서도 주인 앞에서 단지 보잘것없는 종이라고 고백해야 한다

보잘것없는 종

너희에게 누가 종이 있느냐
너희에게 밭을 가는 종이든지
너희에게 양을 치는 종이든지
그런 종을 곁에 두고 있느냐

너희는 그 종이 일을 마치고
들판에서 집으로 돌아오면
어서 와서 식탁에 앉아 먹어라
이렇게 알뜰하게 챙겨주겠느냐

주인은 도리어 그 종에게 명하리니
띠를 매고 내게 시중을 들어라
내 식사가 모두 끝난 후에야
너도 먹고 마셔라 하지 않겠느냐

시킨 일 했다고 주인이 종에게 사례하랴
너희도 명령받은 걸 행한 후에 말하기를
나는 주인께 참으로 보잘것없는 종이오니
응당 해야 할 일을 했을 뿐입니다 할지라

이 비유는 세상 종말의 환난 및 예수님의 재림과 관련해서 주어졌다(눅 18:1-8). 이 비유의 교훈은 이렇다. 종말에 믿는 자들에게 세상의 핍박과 환난이 닥쳐올 때 그런 위기를 극복할 수 있는 비결은 결코 낙심하거나 포기하지 않고, 끈질기게 기도해서 응답받는 신앙 삶을 살아야 한다는 것이다. 종말의 때에 세상에서 그런 믿음을 가진 자들을 찾기가 쉽지 않겠지만, 그런 믿음이 반드시 필요하다는 것이다.

여기서 하나님은 심지어 '불의한 재판관'에 비유되었다. 불의한 재판관일지라도 과부의 끈질긴 간청을 못 이겨 결국 그 청을 들어주었다면, 하물며 사랑과 긍휼이 많은 하나님께서 자기 자녀의 밤낮 부르짖는 간청을 들어주시지 않을 리 없다는 가르침이다. 예수님은 가장 열악한 상황을 먼저 이야기함으로써 자연스럽게 가장 최상의 상황을 충분히 인식할 수 있도록 유도하셨다.

불의한 재판관에게 간청하는 가난한 과부
불의한 재판관이라도 과부의 간청함으로 인해 그 원한을 풀어주는데 하물며 주님이시랴

불의한 재판관과 끈질긴 과부

어떤 도시에 불의한 재판관이 있는데
그는 하나님을 전혀 두려워하지 않는 자라
없는 사람들을 대놓고 무시하거나
뇌물을 무척 좋아하는 그런 사람이라

그 도시에 한 가난한 과부가 있는데
참으로 억울하고 원통한 사정이 있어
그 불의한 재판관에게로 자주 나아가서
자기의 원한을 풀어달라고 애원한다

불의한 재판관은 그 과부를 무시하나
과부는 끈질기게 매달려 애원한다
재판관은 과부가 자기를 하도 귀찮게 하자
마침내 그 원한을 풀어주기로 작정한다

너희는 이 불의한 재판관을 보아라
그런 자도 끈질긴 애원에 못 이겨 응답하는데
하물며 주님이 너희 밤낮 기도를 외면하시겠느냐
아, 인자가 올 때 세상에서 그런 믿음을 보았으면!

이 비유는 자기를 의롭다고 여기면서 다른 사람을 멸시하는 자들에 대한 경고다(눅 18:9-14). 그래서 예수님은 '바리새인'과 '세리'를 예로 삼는다. 당시 바리새인은 의롭다고 존경받는 계층의 사람이고 또 자신들도 그렇게 생각했다. 반대로 세리는 부패하고 악하다고 손가락질 받는 계층의 사람이다. 이처럼 두 계층의 사람은 뚜렷이 대비되는 인물이다.

그런데 예상과 달리 성전 기도에서 하나님께 의롭다고 인정받은 사람은 바리새인이 아닌 세리였다. 바리새인은 스스로 의롭다고 생각하기 때문에 사람을 의롭게 하는 복음을 받아들일 마음이 없다. 그러나 세리는 스스로 죄인 됨을 인식하기에 사람을 의롭게 하는 복음을 받아들일 마음이 있다. 따라서 "믿음으로 의롭게 된다."(롬 3:20-22)는 복음의 원리로 인해 세리가 의롭다 함을 받은 것이다.

제임스 티소(1836-1902년) 作 / 바리새인과 세리의 기도
바리새인은 자신을 '의인'이라 하며 기도하고, 세리는 '죄인'이라 하며 기도한다

바리새인과 세리

두 사람이 기도하러 성전에 올라간다
하나는 바리새인이고 하나는 세리라
바리새인은 가운데 따로 서서 기도하고
세리는 저 멀리 귀퉁이에 서서 기도한다

바리새인은 머리 들고 큰 소리로 기도한다
하나님, 나는 의롭고도 경건합니다
토색, 불의, 간음하는 자들과 같지 않고
이레에 두 번씩 금식하며 십일조도 드립니다

세리는 감히 눈을 들어 하늘을 보지 못하고
다만 가슴을 치며 작은 소리로 기도한다
하나님, 이 몸은 허물 많은 죄인입니다
이 몸을 불쌍히 여겨 은총을 베풀어주십시오

이 둘 중에 누가 의롭다고 인정받았겠느냐
바리새인이 아니라 죄인이라 고백한 세리다
자기를 높이는 자는 정녕코 낮아질 것이고
자기를 낮추는 자는 진실로 높아지리라

요한복음에 소개된 비유다(요 10:1-18). 이 비유는 하나님의 양떼 된 이스라엘 백성의 지도자(목자)로 자처하면서도, 그 책임을 회피하는 유대의 종교 지도자들을 질책하기 위해 주어진 것이다. 그래서 도둑과 강도 같은 삯꾼 목자에 비해 양들을 위해 자기 목숨까지 희생하는 참된 목자, 선한 목자가 누구이고 또 어떠한지를 보여준다.

팔레스타인 지방의 들판에는 양떼의 방목을 위해 임시로 만든 우리가 있는데 거기에는 따로 출입문이 없다. 그래서 목자들은 양을 우리에 모두 들여보낸 후 자신의 몸으로 출입구를 막아 문(門) 역할을 대신한다. 그래서 예수님은 자신을 그런 '양의 문'에 비유한 것이다. 또한 이 비유에서 우리에 든 양들은 '선민 이스라엘'을 가리킨다. 지금 우리에 들지 않았지만 선한 목자(예수님)에게 속한 다른 양들은 장차 그 우리에 포함될 '이방인'을 가리킨다.

예수님은 목자, 우리는 양떼
선한 목자 되신 예수님은 양떼를 위해 목숨까지 희생하신다

선한 목자

나는 우리의 문으로 들어가는 양의 목자라
우리의 문이 아니라 다른 데로 넘어가는 자는
양을 해치고 죽이려는 도둑이고 강도다
양은 오직 목자의 음성을 듣고 목자만 따른다

나는 양들이 들어가고 나가는 양의 문이라
나보다 먼저 온 자들은 다 도둑이고 강도이므로
누구든지 나를 통해 들어가야만 구원을 얻고
그 문을 드나들면서 좋은 풀을 넉넉히 얻는다

나는 양들을 위해 목숨을 바치는 선한 목자라
도둑은 도둑질하며 멸망시키려고 양에게 오지만
내가 양에게 온 것은 양으로 생명을 얻게 하고
그 얻은 생명을 더욱더 풍성하게 하기 위함이다

선한 목자는 자기 양을 알고 양을 위해 희생하지만
삯꾼은 제 양이 아니기에 이리를 보면 도망간다
선한 목자에겐 우리의 양들 외에 다른 양들도 있어
그 양들도 인도하여 마침내 한 무리를 이루게 한다

요한복음에 소개된 이 비유는, 조만간 감당할 십자가 사역으로 인해 제자들과 이별을 앞둔 예수님이 자신과 제자들 간에 떼려야 뗄 수 없는 유기적 관계를 설명하기 위한 것이다(요 15:1-8). 연합과 교통의 관계에 있어서 포도나무와 가지의 비유는 명확하다.

가지가 나무줄기에서 힘을 얻듯이 우리가 예수님 안에 머물러 그분과 연합한다면 예수님에게서 각종 자양분을 얻을 수 있다. 예수님의 생명이 우리 안에 흐를 때, 우리의 삶 속에서 성령의 열매가 풍성하게 산출된다(갈 5:22-23). 만일 가지 된 우리가 포도나무인 예수님께 붙어있지 않으면, 생명의 흐름이 단절된 우리의 삶은 메말라 어떤 열매도 맺을 수 없다.

그러므로 가지 된 우리의 참 신자요 제자 됨의 표지(標識)는 포도나무인 예수님, 곧 존재와 생명의 원천인 예수님께 제대로 붙어있는가 하는 것이다.

포도나무에 주렁주렁 매달린 포도송이
포도나무의 가지 된 성도는 포도나무이신 주님께 붙어있어야만 풍성한 열매를 맺는다

포도나무와 가지

나는 참 포도나무요 내 아버지는 그 농부시라
내게 붙어있어도 열매를 맺지 못하면
아버지께서 그 가지를 잘라 버리시고
열매 맺는 가지는 더욱 풍성해지라고 손질하신다

너희는 내가 일러준 말로 이미 깨끗이 손질되었으니
너희가 내 안에 머물면 나도 너희 안에 머물겠노라
어떤 가지도 포도나무에 제대로 붙어있지 않으면
그 가지는 아무런 열매를 맺지 못한다

나는 포도나무요, 너희는 그 나무의 가지라
그가 내 안에 살고 내가 그의 안에 살면
그는 풍성한 열매를 주렁주렁 맺을 것이다
누구든 나를 떠나서는 아무것도 할 수 없다

누구든지 내 안에 거하지 않고 나를 떠나가면
잘려나간 그 가지는 이내 시들어 불살라지리라
너희가 내 안에 머물러 풍성하게 열매 맺으면
하나님이 영광 받으시고 너희는 내 제자가 되리라

2부
예수님의 표적 30개

예수님이 베푸신 첫 표적이다. 공생애 3년 기간에 예수님이 베푸신 숱한 기적 가운데 첫 번째 표적은 가나 마을의 혼인 잔칫집에서 이루어진다. 가나는 예수님의 고향인 나사렛에서 북동쪽으로 약 8km 지점에 있는 작은 마을이다. 예수님은 그곳의 어느 혼인 잔칫집에서 물을 포도주로 만드신다. 첫 표적 속에 담긴 교훈은 크다.

출애굽 때 모세가 베푼 첫 기적은 물을 피로 만드는 것이었다(출 7:20). 그러나 제2출애굽의 주역인 예수님은 물을 포도주로 만드셨다. 이는 율법과 복음의 차이를 잘 보여준다. 율법은 피로 상징되는 '죽음'을 일깨워주고, 복음은 포도주로 상징되는 '생명'을 선물한다. 이제부터 예수님이 전하실 천국 복음은 포도주 같은 기쁨의 선물을 제공할 것이다. 또한 예수님이 있는 곳에는 절망이 소망으로 변하는 표적의 삶이 연출될 것이다.

파올로 베로네제 作 / 가나의 혼인 잔치, 1563년

블라디미르 마코브스키 作 / 가나의 표적, 1887년

물을 포도주로

갈릴리 가나 마을에 혼인 잔치 열렸네
신랑 신부 축하하는 흥겨운 잔치에
예수님의 어머니 마리아도 오고
예수님과 제자들도 초청받았네

그런데 이를 어쩌면 좋담
잔치가 한창 무르익어 가는데
포도주가 떨어지다니
마리아가 아들에게 그 사실을 알리네

아직 때가 이르지만 예수님은
항아리에 물을 가득 채우게 한 후
그 물을 떠서 갖다주라고 하니
놀라워라, 물이 포도주로 변했네

포도주 맛이 이렇게 기가 막히다니!
새 포도주를 맛본 연회장은
조금 전에 마신 것보다 훨씬 낫다고 칭찬하네
가나의 혼인잔치에서 베푼 예수님의 첫 표적이네

요한복음에만 기록된 사건이다. 이 표적은 예수님이 유대 지방에서 갈릴리 지방의 가나 마을로 돌아오신 후에 행하신 두 번째 기적이다. 일전에 예수님은 그 마을의 혼인 잔칫집에서 공생애의 첫 기적을 행하셨다(요 2:1-11). 그 가나 마을에 분봉왕 헤롯 안디바의 궁정에서 일하는 고관이 한 명 살았는데, 그의 아들이 중병에 걸려 가버나움에 있었다. 가버나움은 갈릴리 지방의 큰 도시인데, 예수님의 공생애 초기에 갈릴리 전도 사역의 본거지다. 가나에서 가버나움까지는 약 33km인데, 걸어서 약 10시간 걸린다.

예수님이 베푸신 가나의 첫 표적 소문은 빠르게 퍼진다. 그 소문을 익히 들은 고관은 다 죽게 된 자기 아들을 살리려고 예수님께 매달린 것이다. 그는 예수님의 말씀을 믿었고, 그 믿음의 대가로 그의 아들은 살아날 수 있었다.

예수께서 오직 말씀으로 왕의 신하의 아들을 고쳐주시다

조제프 마리 비엔 作 / 왕의 신하의 아들을 고쳐주신 예수, 1752년

내 아들을 살려주소서

갈릴리 가나 마을에 살던 한 고관은
아들이 중병이라 가버나움에 가 있었네
그 무렵 예수님은 유대 지방을 떠나
가나 마을에 다시 오셨네

가버나움에서 그 소식을 들은 고관은
한걸음에 달려와 예수님께 애원하네
제발 제 아들 좀 살려주세요
어서 가버나움으로 가주세요

가거라, 네 아들은 살았다
다 죽어가던 아들이 살았다니, 이게 정말인가
예수님의 말씀에 가슴이 벅차오른 고관은
집으로 돌아가다가 그의 하인들과 마주쳤네

주인을 만난 하인들이 기쁨에 차서 말하네
주인님의 아들이 살아났어요!
어제 오후 7시였어요
예수님이 말씀하신 바로 그 시각이었네

베데스다 연못가에서 38년 된 중풍병자를 고쳐주신 표적이다. '베데스다'는 '은혜의 집'이란 뜻인데, 예루살렘의 양문 곁에 있는 연못이다. 간헐천으로 가끔 지하에서 물이 솟구칠 때면 수면이 움직인다. 여기서부터 전설이 생겼다.

천사가 그 물을 움직이는데, 바로 그 순간에 가장 먼저 물에 들어가면 무슨 병이든 낫는다는 것이다. 그래서 연못 주변에는 항상 각양각색의 병자들로 넘쳐났다. 38년 된 중풍병자도 그들 중 하나다. 그는 기약 없는 절망의 세월을 보내다가 예수님을 만난 날, 벌떡 일어나 소망의 삶을 살게 된다. 이 외에도 예수님은 가버나움에서 가르치실 때, 친구들이 지붕을 뚫고 달아내린 침상 위의 한 중풍병자를 고쳐주신 일도 있었다(마 9:1-8).

예수님을 만나면 사람을 드러눕게 만드는 중풍병은 드러눕고, 중풍병자는 벌떡 일어난다.

바르톨로메오 에스테반 무리요 作 / 베데스다 연못가의 중풍병자를 치유하시는 그리스도, 1667년

윌리엄 호가스(1697-1764년) 作 / 베데스다 연못의 그리스도

일어나서 걸어라

예수님이 유대인의 큰 명절을 맞아
예루살렘으로 올라가시네
예루살렘 성읍 양문 곁에는
'베데스다' 라는 연못이 있네

솔로몬의 행각 다섯 개가 세워진
그 연못에는 신비스러운 전설이 있네
물이 움직일 때 가장 먼저 들어가면
어떤 병이든 낫는다는 전설이네

연못 주변의 행각에는
각지에서 온 수많은 병자로 항상 넘쳐나네
그중에는 38년 된 중풍병자도 누워있지만
다른 이들보다 굼떠 절망의 세월만 보내네

예수님이 그 병자를 불쌍히 여기시네
진정 네가 낫기를 원하느냐
그러면 일어나 자리를 걷어들고 걸어라
그러자 그 병자가 벌떡 일어나 그대로 행하네

이 땅에 오신 예수님은 수많은 귀신을 쫓아내셨다. 귀신들은 사람에게 각종 질병을 일으키고 온갖 고통을 안겨주기 때문이다. 귀신은 '마귀'로도 불리는 사탄의 하수인들로 사악하고 더러운 영(靈)이다. 그들은 예수님이 누구인지 단번에 알아본다. 그래서 예수님을 만나면 절규하듯 살려 달라고 부르짖는다. 그런 숱한 사건들 중에서 두 개의 사건이 소개된다.

하나는 가버나움 회당에서 한 귀신 들린 자를 고쳐주신 사건이다(막 1:21-27). 다른 하나는 갈릴리 바다 건너편 가다라 지방에서 귀신 들려 무덤 사이에 거주하는 사나운 광인(狂人) 둘을 고쳐주신 사건이다(마 8:28-34). 이 사건들이 보여주듯, 하나님의 아들인 예수님은 모든 귀신을 능히 제압할 수 있다.

메시아이신 예수님의 권능 앞에서 귀신들은 그저 벌벌 떨 뿐이다.

제임스 티소 作 / 가버나움 회당의 귀신들린 자를 고치심, 19세기

더러운 귀신아, 그에게서 나오라

어느 안식일에 가버나움 회당에서
예수님이 사람들을 가르치실 때
귀신 들린 한 사람이 소리치네
당신은 우리를 없애려고 여기 왔습니까

입 다물고 그 사람에게서 어서 나오라!
예수님의 꾸짖음에 귀신은
그 사람을 넘어뜨리고 뛰쳐나가네
귀신도 굴복한 이 소문은 사방에 퍼지네

하루는 예수님이 바다 건너 가다라에 이르실 때
무덤 사이에 거하는 귀신 들린 두 광인을 만나네
그들은 예수님을 보고 큰 소리로 부르짖네
당신께 구하오니 우리를 괴롭게 하지 마십시오

예수님이 귀신들을 내쫓으며 이름을 물으시네
수많은 귀신이 들린 '군대'라고 하네
빠져나온 귀신들이 근처 돼지 떼에게 들어가자
돼지 떼는 비탈을 내달려 바다에 모조리 빠져죽네

예수님이 갈릴리 사역의 초기에 시몬 장모의 열병을 고쳐주신 사건은 공관복음(마태복음, 마가복음, 누가복음)에 모두 기록되었다. 여기서 시몬은 예수님의 수석 제자인 '베드로'를 가리킨다. 시몬은 본명이고, 베드로는 '반석'이란 뜻의 아람어 '게바'의 헬라식 이름이다. 당시 베드로는 결혼하여 가버나움의 자기 집에 장모를 모시고 있었다.

마태와 마가는 시몬(베드로) 장모의 병을 그냥 '열병'이라고 하였다. 하지만 의사 출신인 누가는 '중한 열병'이라고 표기하여, 그 상태가 매우 위중했음을 나타낸다.

더운 지방의 풍토병인 장티푸스나 말라리아로 보이는데, 고열로 인해 두통, 불면, 발진, 창자 출혈, 뇌 증상, 구토, 발작 등을 일으키는 병이다. 오랜 기간 장모를 괴롭혔고 목숨까지 위협했던 그 병은 예수님의 꾸짖는 한 마디에 즉시 떠나간다.

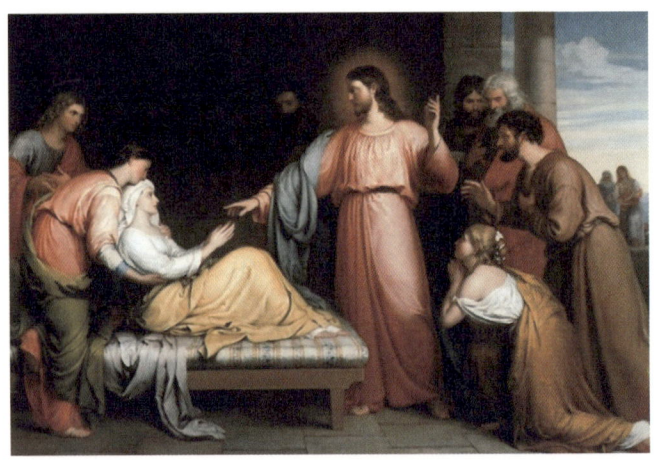

존 브리지스 作 / 베드로 장모의 열병을 고치신 그리스도, 19세기

예수께서 시몬 베드로의 열병을 고쳐주시다

시몬 장모의 열병

예수님은 갈릴리의 가버나움 회당에서
천국 복음을 전파하신 후
야고보와 요한을 데리고
시몬과 안드레의 집으로 가시네

시몬의 장모는 심한 열병으로
오랫동안 자리에 누워 있었는데
사람들이 그 사실을 예수님께 알리자
예수님이 그녀에게 다가가시네

이 손을 잡고 일어나시오
예수님이 열병을 꾸짖으시며
그녀의 손을 붙잡아 일으키시니
펄펄 끓던 열병이 멀리 달아나네

내가 언제 심하게 아팠나요
거짓말처럼 몸이 가뿐해진 그녀는
온갖 먹을 것을 만들어
예수님 일행을 정성껏 대접하네

나병은 나균(癩菌)으로 생기는 만성전염병으로 속칭 '문둥병'이라는 한센병으로 불린다. 가장 정확하게는 중성적으로 표현하여 "악성피부병"이라고 번역하기도 한다(새번역). 유대인 사이에서는 이 병이 하나님의 징계로 인해 생기는 천형(天刑)이라고 생각했다. 그래서 예로부터 유대인들은 모든 질병 중에서도 나병을 가장 두려워했다.

나병환자를 극히 꺼려 되도록 멀리한다. 그래서 나병환자는 사회 공동체에서 철저하게 분리되어 격리된 채 살아간다. 예수님은 이런 나병을 고쳐주신다.

수많은 나병환자들을 직접 어루만지며 고쳐주셨는데, 그중에서 두 가지 사례를 언급한다. 하나는 공생애 초기에 갈릴리 지방에서 한 나병환자를 고쳐주신 사건이고(마 8:1-4), 다른 하나는 공생애 말엽에 사마리아 지방 부근에서 열 명의 나병환자를 고쳐주신 사건이다(눅 17:11-19).

제임스 티소 作 / 나병환자를 치유하신 예수, 19세기

코시모 로셀리 作 / 나병환자를 치유하신 그리스도

비록 나병일지라도

예수님이 산에서 내려와 어느 동네에 계실 때
한 나병환자가 꿇어 엎드려 간구하네
마음만 먹으면 저를 낫게 하실 수 있어요
예수님이 손을 내밀어 그의 몸에 대시네

내가 원하니 깨끗하게 되어라
그러자 나병이 즉시 떠나가고
그의 온몸은 씻은 듯 깨끗해지네
그 몸을 제사장에게 보이고 예물을 드려라

하루는 예수님이 예루살렘으로 올라가시던 중
갈릴리와 사마리아 사이로 지나가실 때
한 촌에서 10명의 나병환자가 다가오네
우리를 불쌍히 여겨 제발 병을 고쳐주세요

제사장에게 가서 너희 몸을 보여주어라
그들은 길을 가면서 나병이 모두 나았는데
한 명만 돌아와 예수님께 감사를 드리네
아홉 명은 어디 있느냐, 예수님이 물으시네

예수님의 갈릴리 사역 초기의 어느 안식일에 갈릴리 지방의 한 회당(會堂)에서 있었던 일이다. 한쪽 손이 오그라든 병자를 고쳐주신 이 사건은 공관복음에 모두 기록되었다. 마태와 마가는 단순히 '한쪽 손이 오그라든 사람'이라고 표기했으나, 의사 출신인 누가는 구체적으로 '오른손이 오그라든 사람'이라고 적었다. 제롬(Jerom)이 인용한 외경(外經)에 따르면 석공(石工)인 이 사람은 손으로 밥을 벌어먹었다고 한다.

여기서 '손이 오그라들었다'라는 말은 뇌 손상으로 인한 중풍이 아닌, 혈액 순환이 불순하여 손의 근육 기관이 상실된 것을 말한다. 바싹 마르고 오그라든 손을 더는 사용할 수 없는 것을 가리킨다. 그런 불용(不用)과 죽음의 손일지라도, 오직 믿음으로 예수님께 내밀자 그 즉시로 회복된 것이다.

제임스 티소 作 / 손이 오그라든 사람, 19세기

네 손을 내게 내밀라

어느 안식일에 예수님이
갈릴리의 한 회당에 들어가시네
거기에는 한쪽 손이 오그라든 사람이 있는데
오른손이 오그라들어 쓸 수가 없네

안식일에 병자를 고치는지 안 고치는지
서기관과 바리새인들이
예수님을 고소할 거리를 찾으려고
두 눈 부릅뜨고 계속 지켜보네

그 병자를 일으켜 세우신 예수님이
회당에 있는 사람들에게 물으시네
안식일에 선을 행하는 것과 악을 행하는 것
생명을 구하는 것과 죽이는 것, 어느 게 옳으냐

사람들이 입을 다물고 잠잠하자
예수님이 그 병자에게 말씀하시네
네 오그라든 그 손을 내게 내밀라
그가 오그라든 손을 내밀자 바로 낫네

예수님이 갈릴리 사역 중반에 가버나움 성읍에서 한 백부장의 하인을 고쳐주신 사건이다. 사복음서 중에서 마태복음과 누가복음에만 기록되었는데(마 8:5-13; 눅 7:1-10), 여기에는 다소 차이점이 있다. 마태복음에는 백부장이 직접 예수님께 간구한 것으로 되어 있고, 누가복음에는 백부장이 유대인 장로들과 친구들을 보내 자기 말을 전달한 것으로 되어 있다.

어찌 되었건, 백부장이 예수님을 굳게 믿은 사실에는 변함이 없다. 마태는 그 하인의 병이 중풍(中風)이라고 명시했다(마 8:6). 누가는 그 하인이 백부장의 '사랑을 받는 종'이라고 했다(눅 7:2). 백부장은 휘하에 100명의 군사를 거느린 로마군대의 지휘관으로 이방인이다. 그런데도 그는 예수님의 치유 능력을 조금도 의심하지 않았다. 이런 그의 믿음이 예수님을 놀라게 했고, 결국 그의 믿음대로 이루어졌다.

예파올로 베로네세 作 / 예수님과 백부장, 1588년

네 믿음대로 되리라

예수님이 가버나움 성읍에 들어가실 때
한 백부장이 다가와 간절히 부탁하네
제 하인이 병들어 죽게 되었으니
제발 낫게 해주십시오

내가 가서 고쳐주리라
그의 간구를 들으신 예수님의 말씀에
백부장이 깜짝 놀라며 오직 말씀만 청하네
저의 집에 직접 오시겠다니 어찌 감당합니까

저도 남의 수하에 있는 사람입니다
제 아래에도 군병이 있어
오라면 오고, 가라면 가는데
어찌 예수님을 오시라고 합니까

참으로 기이하구나
이스라엘에서 이만한 믿음을 본 적이 없다
가라, 네 믿음대로 되리라
그 즉시 백부장의 병든 하인이 고침받았네

복음서 가운데 누가복음에만 기록된 사건이다(눅 7:11-16). 예수님은 나인(Nain) 성읍의 성문 밖에서 어느 과부의 죽은 외아들을 살리신다. 이처럼 죽은 자를 살리신 사건은 예수님의 공생애 사역 기간 중 세 번 있었는데, 그중에 이번이 맨 처음 사건이다.

나머지 두 사건은 회당장 야이로의 죽은 딸을 살리신 사건(눅 8:41-56), 마르다와 마리아의 오라비인 나사로를 죽은 지 나흘 만에 살리신 사건이다(요 11:17-44). 나인은 갈릴리 지방의 한 성읍으로, 오늘날에는 나사렛 동남쪽 10km 지점의 모래언덕, 그 북쪽 기슭에 있는 '네인'(Nein)이라는 마을이다. 예수님의 숱한 표적 가운데서도 죽은 자를 살리신 일은 아주 특별하다. 그것은 오직 예수님만이 사망의 권세를 이기는 분임을 보여주기 때문이다. 동시에 예수님의 재림 때에 성도 부활의 예표가 된다.

예수께서 오직 말씀으로 왕의 신하의 아들을 고쳐주시다

조제프 마리 비엔 作 / 왕의 신하의 아들을 고쳐주신 예수, 1752년

청년아, 일어나라

예수님이 나인 성읍으로 가실 때
제자들과 많은 무리가 함께 가네
예수님 일행이 성문 가까이에 이르자
성읍 안에서 한 장례 행렬이 나오네

사람들이 죽은 자의 관을 메고 있는데
망자는 그 성읍 어느 과부의 외아들이네
과부는 울며불며 맨 뒤에서 따라가고
많은 성읍 사람들도 함께 따르네

울지 마라, 울지 마라
예수님이 그 과부를 다독이신 후
맨 앞으로 가서 관에다 손을 대시네
청년아, 내가 네게 말하니 일어나라!

그 말씀에 죽었던 청년이 벌떡 일어나네
관에서 일어나 앉은 뒤 말까지 하네
사람들이 놀라고 두려워하며 외치네
오, 우리에게 큰 선지자가 나타났구나

두 개의 기적 사건이다. 하나는 가버나움 성읍에서 행한 기적으로 귀신 들려 말 못 하는 자를 고쳐주신 사건이다(마 9:32-34). 다른 하나는 갈릴리 지방에서 행한 기적으로 귀신 들려 말을 못 할 뿐만 아니라 눈까지 멀게 된 사람을 고쳐주신 사건이다(마 12:22; 눅 11:14). 그런데 두 기적 사건에 모두 바리새인들의 트집과 비난이 뒤따른다. 예수님이 귀신의 왕 '바알세불'의 힘을 빌려 그 기운으로 귀신을 쫓아낸다는 것이다. 바알세불은 '사탄'을 가리키는 말이다. 사탄은 본래 하늘나라 천사장이었지만 하나님을 거역한 징벌로 쫓겨나 사탄이 되었다. 이때 사탄을 추종한 자들이 악한 천사들인 귀신들이다. 따라서 귀신은 사탄의 추종자들이며 하수인들이다. 그래서 사탄은 자기 부하인 귀신들을 쫓아낼 리가 절대로 없다. 그렇게 한다면 사탄의 나라가 제대로 설 수 없기 때문이다.

예율리우스 슈노르 폰 카롤스펠트 作 / 예수께서 귀신을 쫓아내심, 1860년

예수께서 말 못하게 하는 귀신을 쫓아내시다

귀신을 쫓아내니

예수님이 가버나움에 계실 때
사람들이 한 사람을 데려오네
그는 귀신 들려 입이 있어도 말 못 하는 자
그는 귀신 들려 아무 말도 할 수 없는 자네

예수님이 그에게서 귀신을 쫓아내시니
그가 바로 입을 열어 말하니 사람들이 놀라자
바리새인들은 예수가 '귀신의 왕'의 힘으로
귀신을 쫓아낸다며 맹렬하게 비난하네

하루는 예수님이 갈릴리에 계실 때
사람들이 눈멀고 말 못 하는 자를 데려오네
그는 귀신 들려 눈이 있어도 못 보는 자
그는 귀신 들려 입이 있어도 말 못 하는 자네

귀신이 나가자, 그가 눈으로 보고 입으로 말하네
바리새인들이 예수님을 크게 시기하여
귀신 왕 바알세불의 힘으로 쫓아냈다고 하니
사탄이 분쟁하면 그들 나라가 어찌 서겠느냐, 답하네

예수님이 갈릴리 호수의 거센 파도를 말씀 한마디로 잠재우신 사건으로, 공관복음서에 모두 기록되었다(마 8:23-27; 막 4:35-41; 눅 8:22-25). 갈릴리 호수는 지중해보다 수면이 약 200m나 낮다. 사방으로 높은 산들에 둘러싸여 있어서, 잦은 난기류로 광풍이 빈번하게 발생한다.

예수님의 제자 여럿은 갈릴리 호수의 어부 출신으로 이런 경험이 자주 있었지만, 이번 광풍은 그들의 힘으로는 도저히 제어하기 힘들었다. 크게 두려워한 그들은 다급하게 예수님을 흔들어 깨운다. 제자들은 이전에 예수님의 크신 능력을 여러 번 보았는데도 여전히 믿음이 약해 광풍을 두려워하며 쩔쩔맨다.

예수님은 먼저 광풍과 바다를 꾸짖어 가만히 잠재우신 뒤에 제자들의 약한 믿음을 꾸짖으신다. 이 사건은 자연 만물을 다스리시는 예수님이야말로 만유의 주재(主宰)임을 보여준다.

렘브란트 作 / 파도를 만난 예수님과 제자들, 1633년

바람과 바다야, 잠잠하라

제자들과 함께 배를 타고
갈릴리 호수 저편으로 건너가시는 예수님
종일 사람들을 가르쳐서 고단하신지
배의 고물에서 베개 베고 곤히 주무시네

배가 호수 한가운데에 이르렀을 때
갑자기 큰 광풍이 불어 거센 파도가 출렁출렁
순식간에 바닷물이 덮쳐 배도 출렁출렁
놀란 제자들은 혼비백산하여 파랗게 질리네

제자들은 깊이 잠든 예수님을 흔들어 깨우네
우리 모두가 죽게 되었으니 어서 구해주소서
잠에서 깬 예수님이 바람과 바다를 꾸짖으시네
바람아 잠잠하라, 바다야 고요하여라

풍랑이 그치자, 예수님이 제자들을 책망하시네
믿음이 적은 자들아, 어찌 두려워하느냐
기이하게 여긴 제자들이 서로에게 말하네
대체 뉘시기에 바람과 바다도 저리 순종하는가

예수님이 회당장 야이로의 병든 딸을 고치러 가시던 중 열두 해 동안 혈루증(血漏症)을 앓아 고통스러워하던 한 여인을 고치신 사건이다. 혈루증은 주기적인 생리와는 무관하게 몸에서 끊임없이 피가 흘러나오는 만성적인 하혈 증세다.
모세 율법은 이 병을 부정한 것으로 규정짓고(레 15:25-30) 공동체 생활에 제한을 두었다. 이런 지긋지긋한 병을 열두 해 동안 앓던 그녀는 병을 고치시려고 곳곳의 많은 의원을 찾아다녔다. 그러나 돈만 허비하고 증세는 악화한다.
절망에 빠져 낙심한 그녀에게 예수님에 관한 소문이 한 줄기 빛처럼 찾아든다. 예수님께 모든 소망을 둔 그녀는 군중을 뚫고 필사적으로 다가간다. 그리고 그녀는 믿음의 손길을 내밀어 예수님의 옷자락을 만진다. 그 결과는 즉시 완치였다. 믿음의 승리였다.

제임스 티소 作 / 혈루증 여인의 믿음, 19세기

예수께서 열두 해 동안 혈루증으로 고생하던 여인을 고쳐주시다

딸아, 병에서 놓여 평안하라

예수님이 많은 사람들에게 둘러싸여
회당장 야이로의 병든 딸을 고치러 가실 때
열두 해 동안 혈루증 앓던 한 여인이
예수님 뒤로 다가와 그분의 옷자락을 만지네

이 지긋지긋한 병 언제 물러갈까
많은 의원을 찾아다니느라 가산만 날리고
아무런 효험 없이 병세만 악화된 그녀는
절망의 세월을 보내다가 예수님 소문을 들었네

예수님의 옷자락만 만져도 내 병이 나을 텐데
그런 믿음으로 군중을 헤치고 나가
조심스럽게 예수님의 옷자락을 살짝 만졌는데
즉시 혈루의 근원이 마르고 병이 다 나았네

누가 내 옷자락에 손을 댔느냐
예수님 물음에, 그녀가 떨며 사실대로 말하네
딸아, 안심하여라
네 믿음이 너를 구원하였다

예수님의 갈릴리 전도사역 중심지인 가버나움에서 회당장 야이로의 병든 12살 외동딸을 살리신 사건이다(마 9:18-19, 23-25; 막 5:21-24, 35-43; 눅 8:41-42, 49-56).
일전에 예수님은 나인 성읍에서 어떤 과부의 죽은 청년 외아들을 살리신 적이 있었다. 이번 사건은 두 번째로 죽은 자를 살리신 표적이다. 죽은 자를 살리신 사건은 예수님의 공생애 3년 사역기간 중 세 번 있었는데, 마지막 세 번째는 마르다와 마리아의 오라비인 나사로를 죽은 지 나흘 만에 살리신 사건이다. '달리다굼'은 아람어 '탈리다쿰'의 그리스어 음역으로 '소녀야, 일어나라'란 뜻이다(막 5:41). 예수님의 숱한 표적 중 죽은 자를 살리신 표적은 특별하다.
모든 사람의 영육을 주관하고 사망 권세를 제압하시는 하나님만의 능력이다. 예수님이 본래 하나님이고 현재 메시아임을 보여준다.

산티 디 티토 作 / 야이로 딸의 소생, 1578년

일리야 레핀 作 / 야이로의 딸이 다시 살아남, 1871년

달리다굼!

예수님이 갈릴리 가버나움에 오셨을 때
회당장 야이로가 간곡하게 부탁하네
제발 제 외동딸 좀 고쳐주십시오
겨우 열두 살인데 병들어 죽게 되었습니다

예수님이 그 딸을 고치러 야이로의 집으로 향하다가
열두 해 혈루증 앓던 여인을 먼저 고쳐주셨을 때
야이로의 집에서 사람들이 달려와 울면서 말하네
회당장의 딸이 죽었으니 선생님을 괴롭히지 마세요

그대는 두려워하지 말고 다만 믿기만 하여라
이 소녀는 죽은 게 아니라 자는 것이다
야이로의 집에서 하신 예수님의 이 말씀에
울면서 듣던 사람들은 속으로 예수님을 비웃네

예수님은 소녀가 누운 방으로 들어가셔서
죽은 소녀의 손을 붙잡고 말씀하시네
달리다굼! 소녀야, 일어나라
소녀는 벌떡 일어나 앉았다가 걷기도 하네

가버나움 회당장 야이로의 죽은 외동딸을 살리신 사건 직후, 예수님이 눈먼 자 둘을 고쳐주신 사건이다(마 9:27-31). 예로부터 유대 지방은 동쪽 아라비아 사막에서 심하게 몰아치는 모래바람에 지면의 수분이 부족했다. 그런 상태에서 자주 흩날리는 석회질 먼지로 인해 안질 환자가 많았고, 그 병이 악화하여 맹인이 되는 일도 잦았다. 예수님은 공생애 기간에 눈먼 자들을 자주 치료하셨다. 이번의 두 맹인은 예수님을 향해 "다윗의 자손이여!"(마 9:27)라고 외치면서 자신들의 병을 고쳐달라고 간구한다. 이에 예수님은 그들의 믿음을 확인하신 후에 치유하셨다.

이 사건은 예수님이야말로 어둠 가운데 있는 인류를 구원하러 이 땅에 오신 참 빛임을 보여준다. 동시에 인간이 자신의 영육을 치유받을 수 있는 유일한 길은 오직 믿음뿐임을 보여준다.

두초 디 부오닌세냐 作 / 눈 먼 자를 치유하시는 그리스도, 1310년경

엘 그레코 作 / 눈 먼 자를 치유하시는 그리스도, 1570-1575년

너희의 믿음대로 될지라

예수님이 죽은 소녀를 살리고
회당장 야이로의 집을 떠나실 때
눈먼 자 둘이서 뒤따라오며
예수님을 향하여 크게 외치네

다윗의 자손이여,
우리를 불쌍히 여기소서!
예수님이 집 안으로 들어가셔도
그들은 계속 따라오며 외치네

마침내 예수님이 그들에게 물으시네
내가 능히 너희 눈을 뜨게 하겠느냐
그들은 서슴지 않고 대답하네
주여, 진실로 그렇습니다!

너희의 믿음대로 될지라
예수님이 그들의 눈을 만지시자
캄캄하던 어둠이 걷히고
순식간에 환한 빛이 찾아드네

빵 다섯 덩어리와 물고기 두 마리로 5천 명이나 배불리 먹이신 사건으로, 이른바 오병이어(五餠二魚) 기적이다. 여자와 아이를 제외하고 5천 명이므로, 그들까지 전부 합하면 약 2만 명이나 되는 수효다. 이 일은 예수님이 행하신 숱한 표적 중 복음서 네 곳에 전부 기록된(마 14:13-21; 막 :20-44; 눅 9:10-17; 요 6:5-15) 놀랍고 큰 사건이다.

복음서 기록을 종합하면, 예수님이 모인 무리를 어떻게 먹이면 좋겠느냐고 제자 빌립에게 물으신다. 이때 빌립은 음식을 구하려면 2백 데나리온이 필요하다고 대답한다. 당시 한 데나리온의 가치는 노동자 하루 품삯이다. 무리 중에서 빵 다섯 덩어리와 물고기 두 마리를 구해온 제자는 안드레다. 나중에 예수님은 이 표적 사건을 언급하면서 자신이야말로 하늘에서 내려온 참 떡 곧 '생명의 떡'임을 교훈하셨다(요 6:32-35).

램버트 롬바르드(1505-1566년) 作 / 빵과 물고기의 기적

틴토레토(자코 로부스티) 作 / 빵과 물고기의 이적, 1547년

빵 다섯 덩어리와 물고기 두 마리

호수 건너편 벳새다 들판에 예수님이 계신대
입소문이 퍼져 무리가 그리로 몰려오네
목자 없는 양 떼 같은 불쌍한 그들에게
예수님은 천국 복음을 가르치시네

날이 저물어 저녁 무렵이 되자
제자들이 예수님께 말하네
사람들이 마을에서 각자 사 먹게 하십시오
여기는 빈들이라 먹을 걸 구할 수 없습니다

너희가 그들에게 먹을 것을 주어라 하시니
빵 다섯 덩어리와 물고기 두 마리뿐이라 하네
예수님은 사람들을 풀밭에 앉게 하시고는
감사 기도를 한 후에 빵과 물고기를 떼어주시네

예수님이 떼어주시는 그 음식을
제자들이 사람들에게 골고루 나눠주네
여자와 아이 외에 5천 명이나 배불리 먹고
남은 음식을 거두니 열두 바구니에 가득 차네

예수님이 갈릴리 바다 위를 걸으신 표적으로, 벳새다 들판의 오병이어 사건 직후에 일어난 일이다(마 14:22-33; 막 6:45-52; 요 6:16-21). 무리를 돌려보낸 예수님은 제자들을 갈릴리 바다 저편의 가버나움으로 먼저 보내시고는 홀로 산에 올라가 밤새 기도하신다. 그런 후 4경쯤 아직 어둠이 깔린 이른 새벽녘에 제자들에게로 가신다. 이때 제자들은 바다 한가운데서 거센 풍랑을 만나 힘겹게 싸우고 있었다. 갈릴리 바다는 지형의 특성상 돌풍이 잦다.

마침 물 위를 걸어오시는 예수님을 본 제자들은 처음에는 유령인 줄 알았다. 이후 베드로는 물 위로 걸어 예수님께 다가가다가 믿음 부족으로 물속에 빠져 예수님에 의해 구출되는 일까지 있었다. 결국 예수님이 배 위로 오르자 거짓말처럼 풍랑이 뚝 그친다. 하나님의 아들이기에 물도 순종했고 바람도 굴복한 것이다.

틴토레토(자코 로부스티) 作 / 물 위를 걸으시는 예수, 1560년

프랑수아 부셰 作 / 물 위를 걸으시는 예수, 1766년

나다, 두려워하지 마라

벳새다 들판의 무리를 배불리 먹이신 후
제자들을 배에 태워 바다 건너편으로 보내시고
예수님은 혼자 산에 올라가시네
메시아 사역을 위해 밤새 기도하시네

가버나움으로 가던 제자들의 배는
갈릴리 바다 한가운데서 폭풍을 만나
거센 파도에 배는 심하게 요동치고
밤새 노를 저어도 제자리에서 꿈쩍하지 않네

앗, 유령이다! 유령이 나타났다!
어둠이 깔린 이른 새벽녘에 어떤 물체가
물 위를 걸어오자 제자들이 무서워 소리치네
나다, 두려워하지 마라! 예수님이 말씀하시네

베드로가 물 위를 걸어 예수님께로 가다가
거센 바람이 무서워 그만 바닷물에 빠지네
예수님이 그를 붙들고 배에 오르자 바람이 그치네
믿음이 적은 자여, 왜 의심하느냐 하며 나무라네

예수님의 공생애 중 갈릴리 사역 후반기에 일어난 사건이다(마 15:21-28; 막 7:24-30). 예수님이 가버나움을 떠나 두로와 시돈 지방을 두루 돌아다니며 복음을 전하실 때, 수로보니게 여인의 귀신 들린 어린 딸을 고쳐 주신 표적이다. 두로와 시돈은 팔레스타인 북방 지중해 연안의 이방 도시들이다.

수로보니게는 '수리아에 있는 베니게'란 뜻으로, 당시 로마 속주인 팔레스타인 북부 수리아 연안지대에 있는 '페니키아'를 가리킨다. 이 페니키아 지역에 두로와 시돈 같은 항구 도시들이 속한다. 수로보니게 여인을 향한 예수님의 말씀은 전도의 일차적 대상이 아브라함의 후손인 '이스라엘 백성'이란 의미일 뿐, 이방인들이 전도 대상에서 제외되었다는 의미는 결코 아니다. 그리고 '개'란 비유는 당시 유대인들이 이방인들을 가리키는 일반적인 호칭이다.

조반니 콜리(1636-1691년), 필리포 게라르디(1643-1704년) 作 / 예수와 수로보니게 여인

트레스 리치 휴레스 뒤 두크 드 베리 作 / 예수와 가나안 여인, 15세기

여자여, 네 믿음이 크구나

예수님이 가버나움 성읍을 떠나
두로와 시돈 지방에 머무실 때
수로보니게의 한 여인이 그 소문을 듣고
예수님의 발아래 엎드려 간청하네

주 다윗의 자손이여, 제발 좀 고쳐주세요
제 어린 딸은 흉악한 귀신이 들렸어요
예수님은 아무 대답도 하지 않으시고
제자들은 그녀를 쫓아내려 하네

제 딸에게서 귀신을 내쫓아주세요
예수님은 더욱 매달리는 그녀에게 대답하시네
나는 이스라엘의 잃어버린 양에게 보냄받은 몸이다
자식들에게 줄 빵을 개들에게 던져주는 건 옳지 않다

예수님의 말씀을 들은 그녀가 대답하네
개들도 주인 밥상에서 떨어지는 부스러기는 먹습니다
오- 네 믿음이 크구나, 소원대로 될 것이다
그 즉시 귀신이 떠나가고 그녀의 어린 딸은 나았네

귀가 먹어 듣지 못하고, 그 결과로 혀가 꼬여 말까지 더듬는 병자를 고쳐주신 사건이다.
복음서 중 마가복음에만 기록되었다(막 7:31-37). 가버나움 성읍을 떠난 예수님은 팔레스타인 북쪽 지중해 연안 도시들인 두로와 시돈을 두루 돌아다니며 전도하신 후, 데가볼리 지역을 거쳐 갈릴리 호수로 돌아오신다.
데가볼리는 '10개의 도시'란 뜻인데, 이 도시들은 갈릴리 호수 동편과 요단강 근처다. 예수님이 갈릴리 호수와 인접한 마을에 이르자 사람들이 병자를 하나 데리고 와서 고쳐주시기를 간구한다. 이때 예수님은 그 병자도 느낄 수 있도록 자신의 손가락을 병자의 양쪽 귀에 넣고, 그 손가락에 침을 묻혀 병자의 혀에 대는 직접적인 접촉 방식을 통해 치유하신다.
이때 예수님은 "에바다!" 하고 말씀하신다. 이 말은 아람어의 음역으로 '열려라'란 뜻이다.

제임스 티소 作 / 귀와 혀를 풀어주시다, 19세기

엘 그레코 作 / 병든 자를 치유하시는 예수, 1577-1578년

에바다!

예수님이 두로와 시돈 지방을 떠나
데가볼리 지역을 지나가시네
걷고 또 걸어 닿은 곳은 갈릴리 호수
사람들이 한 병자를 예수님께 데리고 오네

귀먹고 말 더듬는 이 사람을 고쳐주세요
사람들이 예수님께 간구하네
그 병자는 귀가 있어도 듣지 못하고
혀가 꼬여 말도 더듬거리네

병자를 따로 데리고 가신 예수님은
자신의 손가락을 병자의 양쪽 귀에 넣은 뒤
그 손가락에 침을 발라 그의 혀에 대고
하늘을 우러러보시며 탄식하시네

에바다(열려라)! 하고 말씀하시니
그 병자의 닫힌 귀가 열려 소리를 듣네
혀도 풀려 더듬지 않고 또렷이 말하니
예수님의 능력에 사람들이 크게 감탄하네

이른바 '칠병이어(七餠二魚)' 표적이다(마 15:32-38; 막 8:1-10). 이 표적은 '오병이어' 표적(마 14:13-21; 막 6:30-44; 눅 9:10-17; 요 6:5-15)과 그 전체적인 전개가 흡사하므로, 혹자들은 두 사건이 같은 것이라고 본다. 그러나 두 사건은 별개의 표적이다(막 8:19-20).

표적의 대상이 오병이어 사건은 유대인들이고, 칠병이어 사건은 이방인들이다. 표적의 장소도 하나는 갈릴리 호수 북동쪽 벳새다 들판에서 일어났고, 하나는 갈릴리 호수 남동쪽 데가볼리 지역에서 일어났다. 표적을 베푼 음식도 빵 다섯 덩어리와 빵 일곱 덩어리로 서로 다르다.

먹은 사람들도 5천 명과 4천 명으로 각기 다르다. 먹고 남은 빵도 하나는 열두 광주리, 다른 하나는 일곱 광주리다. 이 두 사건은 예수님이야말로 하늘의 참 빵으로서 우리의 삶을 풍성케 하는 '생명의 빵' 임을 일깨워준다.

요아힘 파티니르(1480-1524년) 作 / 빵과 물고기의 기적

틴토레토(자코 로부스티) 作 / 빵과 물고기의 기적, 1570년

빵 일곱 덩어리와 물고기 두 마리

예수님이 무리를 가르치신 지 사흘째
먹을 것이 떨어져 사람들이 굶게 되었네
예수님이 제자들에게 말씀하시네
저들을 이대로 보내면 길에서 쓰러지겠구나

제자들이 예수님께 대답하네
이 광야에서는 음식을 구할 수 없습니다
저 많은 사람을 배불리 먹일 수 없으니
그들을 그냥 돌려보내야 합니다

빵이 몇 덩어리 남았느냐
빵 일곱 덩어리와 작은 물고기 두 마리뿐입니다
예수님은 무리를 나누어 땅에 앉게 하신 뒤
그 음식을 들고 하늘을 우러러보며 축사하시네

예수님은 사람들에게 가져다주어라 하시며
음식을 떼고 또 떼어 제자들에게 나눠주시네
이때 4천 명은 그걸 먹고 모두 배가 불렀고
남은 빵을 거두니 일곱 광주리가 가득 찼네

복음서 중에서 마가복음에만 기록된 표적으로, 예수님이 벳새다 마을에서 한 눈먼 자를 고쳐주신 사건이다(막 8:22-26). 이곳 벳새다는 갈릴리 호수 서편에 위치한 가버나움 근처의 벳새다와는 다른 마을인데, 갈릴리 호수 북동쪽에 위치한 '벳새다-율리아스' 라는 곳이다. 이곳에서 예수님은 그 맹인의 두 눈에 침을 바르고 안수하시는 방식을 통해 고쳐주신다.

오직 말씀만으로도 능히 치유할 수 있었지만, 굳이 이런 방식을 사용하신 것은 병자가 직접 몸으로 치유 과정을 느끼게끔 하려는 자상한 배려 때문이다.

두 번 안수하여 고친 것도 점진적인 회복을 체험시키기 위함이다. 이처럼 예수님은 병자의 상태에 따라 다양한 방식으로 고쳐주셨다. 이는 마치 양 한 마리, 한 마리를 잘 알고서 하나하나를 살뜰히 보살피는 선한 목자를 연상시킨다.

바돌로메우스 브린버그 作 / 벳새다 맹인을 고치신 예수, 1635년

에우스타슈 르 수외르(1616-1655년) 作 / 맹인을 고치신 예수

무엇이 보이느냐

예수님이 벳새다 마을에 오시자
사람들이 한 눈먼 자를 데리고 와서
이 사람에게 손을 대셔서
안수하여 고쳐주시기를 요청하네

어떻게 될까 하며
호기심 가득한 사람들을 피해
예수님은 그 맹인의 손을 붙들고
마을 밖으로 데려가시네

예수님은 맹인의 두 눈에 침을 바르고
능력의 손길로 안수하며 물으시네
지금 무엇이 보이느냐
사람이 보이는데 마치 나무 같습니다

예수님이 또다시 안수하시자
맹인은 두 눈이 열려 밝히 보게 되네
이때 예수님은 그에게 당부하시기를
이 일을 소문내지 마라 하시네

예수님이 간질병(癎疾病)으로 몹시 고생하던 한 아이를 고쳐주신 사건으로 공관복음서에 모두 기록되었다(마 17:14-20; 막 9:14-29; 눅 9:37-43). 간질병은 경련을 일으키고 또 의식장애를 일으키는 발작 증상이 되풀이하여 나타난다.

이 아이도 물과 불에 상관없이 어디서든 넘어진다. 심한 경련과 함께 거품을 흘리고 이를 갈며 파리해져서 무척 심각했다. 그런데 이 아이는 그 병의 원인이 귀신에게 있었다. 사악하고 더러운 귀신은 그 아이를 사로잡아 종종 괴롭혔다. 그런데 예수님의 제자들은 그 귀신을 내쫓지 못했고, 결국 예수님이 내쫓아 아이의 병을 고칠 수 있었다.

이때 예수님은 제자들의 믿음 부족을 지적하시며, 기도 외에는 그런 부류의 귀신을 내쫓을 수 없다고 훈계하신다(마 17:21 각주). 오직 믿음의 기도만이 귀신을 제압할 수 있다는 말이다.

라파엘로 산치오 作 / 간질병 소년을 고쳐주신 예수, 1520년경

제임스 티소 作 / 다볼 산 기슭의 귀신들린 간질병 소년을 고쳐주신 예수, 1896년

믿는 자에게는

산에서 내려오시는 예수님을 큰 무리가 맞이하네
그때 한 사람이 달려와 무릎 꿇고 간구하네
간질로 고생하는 제 외아들을 고쳐주세요
귀신에게 사로잡혀 물과 불에 자주 넘어집니다

예수님의 제자들은 그 귀신을 내쫓지 못하네
아이가 벌벌 떨며 거품 흘려도 어쩌질 못하네
아, 믿음이 없고 패역한 세대로구나
예수님은 그 아이를 데려오라 하시네

아버지가 외아들을 예수님께 데려오네
만일 할 수 있거든 이 아이를 고쳐주세요
할 수 있거든? 이게 대체 무슨 말이냐
믿는 자에게는 능치 못 할 일이 없다

예수님이 귀신을 내쫓자 아이는 즉시 낫네
왜 저희는 귀신을 내쫓지 못했을까요
제자들의 물음에 예수님이 대답하시네
믿음 부족 때문이니 기도 외엔 내쫓지 못한다

예수님이 물고기 입에서 동전을 얻어 세금으로 사용하신 표적이다(마 17:24-27).
모든 유대인은 출애굽 사건과 관련하여 '생명의 속전'으로 매년 아달월(유대력 12월, 태양력 2~3월) 15일에 성전세를 내야 했다(출 30:11-16). 세액은 반(1/2) 세겔로서 2드라크마다. 1드라크마는 노동자 하루 품삯이다. 만왕의 왕인 하나님은 성전의 주인이시므로, 그분의 아들인 예수님은 성전세를 낼 필요가 없다. 그러나 그런 사실을 알지 못하는 사람들의 오해를 피하려고 성전세를 내셨는데 그 방식이 독특하다. 베드로에게 갈릴리 바다에서 물고기를 낚게 한 뒤, 처음 잡은 물고기 입에서 1세겔을 얻어 자신과 베드로 몫의 세금으로 사용하신다.
이는 물고기 입속에 동전이 있음을 미리 아시는 예수님의 전지성과 동전을 입에 물고 있도록 하신 전능성을 보여주는 표적이다.

마사치오, 토마소 디 지오바니 作, 성전세, 1425년

베드로가 물고기 입속에서 성전세를 바칠 동전(세겔)을 얻다

물고기 입속에서 동전을

예수님이 가버나움 성읍에 이르시니
성전세 반 세겔을 걷는 자들이
베드로에게 따지듯 묻네
너의 선생은 왜 반 세겔을 안 내느냐

우리 선생도 내신다
베드로가 대답하고 예수님 집으로 들어가니
예수님이 베드로에게 물으시네
시몬아, 너의 생각은 어떠냐

세상 임금이 누구한테 관세와 주민세를 받느냐
자기 자녀들에게냐, 다른 사람들에게냐
베드로가 다른 사람들에게 받는다고 대답하니
그러면 임금의 자녀들은 세를 면한다고 말씀하시네

하나님의 아들 예수님은 세를 내지 않고 면제받지만
사람들이 오해하지 않도록 내겠다고 하시네
바다에서 낚시로 처음 잡은 물고기의 입을 열면
1세겔이 있으니 자신과 베드로의 세를 내라 하시네

예수님의 공생애 후반기인 유대 사역 중에 일어난 사건이다(주후 29년 여름쯤, 요 9:1-12). 숱한 맹인 치유 중 이 사건은 태어날 때부터 눈먼 자라는 점에서 특별하다. 팔레스타인의 특성상 광야의 먼지나 모래로 인해 안질 환자가 많았고, 제때 치료받지 못해 눈이 멀게 되는 경우가 있다. 하지만 태어날 때부터 눈먼 경우는 이번이 처음이다. 그래서 제자들이 그게 누구의 죄 때문이냐고 물은 것이다. 유대인들은 몹쓸 질병을 죄의 결과로 여긴다.
이때 예수님은 누구의 죄 때문이 아닌, 하나님의 일을 드러내기 위함이라고 답변하며 자신을 '세상의 빛'으로 소개하신다. 과연 세상의 빛답게 그 맹인에게도 빛을 주신다.
맹인이 눈에 발라진 진흙을 씻은 곳은 실로암 연못이다. 이곳은 예루살렘 성전 남동쪽의 기드론 골짜기와 접하는 티로페온 계곡의 인공 연못이다.

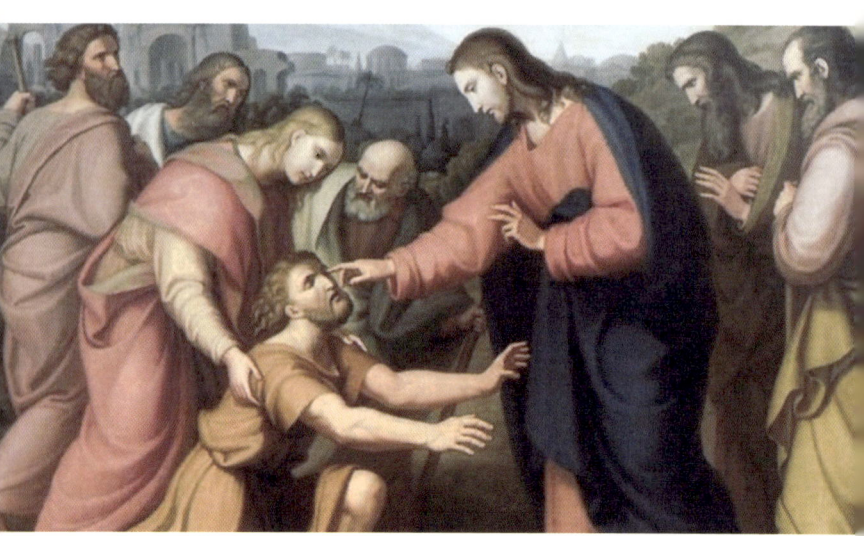

눈 먼 자를 치유하시는 예수 그리스도

실로암 연못으로

예수님이 제자들과 길을 걸어가실 때
태어날 때부터 눈먼 한 사람이
길가에 앉아 처량하게 구걸하네
이때 궁금한 제자들이 예수님께 묻네

저 사람이 날 때부터 맹인이 된 것은
자기 자신 때문입니까, 부모 때문입니까
예수님이 제자들에게 대답하시네
그 누구의 죄도 아니다

그에게서 하나님의 일이 드러나게 하려는 것이다
아직 낮이므로 일할 수 없는 밤이 오기 전에
나를 보내신 하나님의 일을 부지런히 해야 한다
내가 세상에 있는 동안에는 '나는 세상의 빛'이다

이렇게 말씀하신 예수님은 땅에 침을 뱉은 뒤
진흙을 이겨 맹인의 눈에 바르시네
실로암 연못으로 내려가서 눈을 씻어라
맹인이 그대로 하자 즉시 눈이 뜨여 밝히 보였네

귀신 들려 18년 동안 허리가 꼬부라져 똑바로 펴지 못하는 한 여인을 예수께서 안식일에 고쳐주신 표적이다(눅 13:10-17).

문제는 이 치유가 안식일에 이루어졌다는 이유로, 반대자들의 비난과 정죄에 부딪힌다. 이때 예수님은 외양간 가축을 예로 들어 선민 아브라함의 딸을 고쳐주신 자신의 표적을 정당화하신다. 바리새인들의 지침인 장로들의 유전에는 안식일에도 외양간에 매인 가축의 고삐를 풀어 물가로 데려가 물을 먹일 수 있다(하지만 물을 그릇에 담아 운반하는 것은 금지였다).

따라서 18년 동안 사탄에 얽매인 하나님의 백성을 그 매인 고삐에서 풀어주는 병 고침은 지극히 마땅하다는 논리. 이처럼 예수님은 안식일에 무얼 하지 않는 소극적 준수보다 하나님의 영광과 생명 구원을 위해 무언가를 행하는 적극적 준수가 더 가치 있음을 깨우쳐주셨다.

제임스 티소 作 / 18년 동안 허리 꼬부라진 여인을 고쳐주시다, 19세기

예수께서 안식일에 18년 동안 허리 꼬부라진 여인을 치유하시다

오랜 병마에서 풀려난 여인

어느 안식일에 예수님이 회당에서 가르치실 때
18년 동안 귀신에게 얽매이고 사로잡혀
허리를 펴지 못해 꼬부라진 한 여인이 있었네
예수님은 그녀를 불쌍히 여겨 고쳐주시네

이제 병마에서 풀려났다 하시며
예수님이 그녀에게 손을 얹으시자
즉시 허리를 펴고 하나님을 찬양하네
그걸 본 회당장이 화가 나서 무리에게 말하네

안식일에 병을 고쳐서는 안 됩니다
일주일에 엿새는 일할 날인데
그런 날에 병을 고쳐야 된다고 하니
예수님이 그런 회당장을 꾸짖으시네

안식일에도 외양간 가축은 풀려나 물을 먹는데
사탄에게 열여덟 해나 얽매인 아브라함의 딸을
그 오랜 속박에서 풀어주는 게 마땅하다 하니
반대자들은 부끄러워하고 무리는 다 기뻐하네

예수님의 공생애 후반기인 베레아 사역 중에 일어난 표적으로, 안식일에 고창병(蠱脹病) 환자를 고쳐주신 사건이다(눅 14:1-6). 이런 치유 표적이 안식일에 행해졌기 때문에 바리새인들과 율법교사들이 문제 삼는다. 예로부터 안식일 준수는 유대인들에게 극히 중대한 문제였다.

유대교 랍비들의 구전을 집대성한 미쉬나(Mishnah)의 안식일 규정에 의하면, 안식일에도 구덩이에 빠진 가축을 구해낼 수 있었다. 예수님은 이런 규정을 들어 바리새인들과 율법 교사들의 시비를 차단하신다.

고창병(헬, 휘드로피코스)은 수종병(水腫病)이라고도 하는데(눅 14:2), 신체의 세포 조직이나 각종 강막(腔膜)에 혈장(血漿)이 비정상적으로 축적된 상태를 가리킨다. 대개 심장에 결함이 있거나 신장이 병 들었을 때 발생하는데 얼굴이나 팔다리가 퉁퉁 붓고 살갗이 짓무른다.

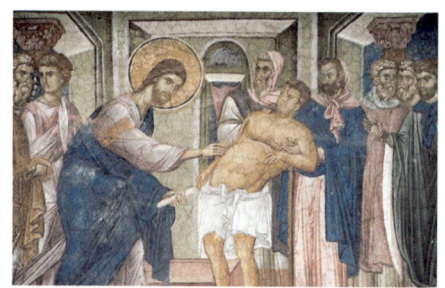

안식일에 수종병 환자를 고치신 그리스도 / 동방 정교회의 성화

예수께서 어느 안식일에 수종병 환자를 고치시다

고창병을 고쳐주시다

어느 안식일에 예수님이
한 바리새인 지도자의 집에 초청받아
음식을 먹으려 들어가시는데
사람들이 빌미를 잡으려고 엿보네

앞에는 고창병 환자 하나가 있네
예수님이 그 자리에 있는
바리새인들과 율법 교사들에게 물으시네
안식일에 병 고쳐주는 것이 옳으냐, 그르냐

그들은 아무런 대답도 못 하고 잠잠하네
몸이 퉁퉁 부은 고창병 환자를 고치신 후
그를 집으로 돌려보낸 예수님은
바리새인들과 율법 교사들에게 다시 물으시네

너희 중 누가 아들이나 소가 우물에 빠지면
안식일이라도 즉시 끌어내지 않겠느냐
예수님의 말씀이 옳으므로
그들은 아무 대답도 하지 못하네

예수님의 공생애 후반기에 예루살렘 인근의 베다니 마을에서 있었던 사건으로(주후 29년 말엽 ~30년 초엽), 죽은 지 나흘째인 나사로를 살리신 놀라운 표적이다(요 11:17-44).
나인 성읍 과부의 죽은 아들과 가버나움 회당장의 죽은 딸을 살리신 표적에 이어 마지막인 세 번째로 죽은 자를 살리신 표적이다. 앞의 두 경우는 막 숨을 거두었거나 무덤으로 장사지내러 가는 도중에 되살린 표적이라면, 이번 경우는 죽은 지 나흘이나 되어 무덤 속에서 썩어가던 시신을 살리신 표적이다.
이 표적을 통해 예수님은 자신이 부활이요 생명으로서 사망 권세를 깨뜨리고 죽음을 이기는 하나님의 아들 메시아임을 입증하셨다. 이에 많은 사람들이 하나님께 큰 영광을 돌린다. 베다니는 예루살렘에서 남동쪽으로 약 2.8km 떨어진 감람산 동쪽 기슭의 자그마한 마을이다.

장 주브네 作 / 나사로의 부활, 1706년

지오토 디 본도네 作 / 나사로의 부활, 1304-1306년

나사로야, 나오라!

예수님은 베다니 마을의 세 남매와 각별했으니
그들은 나사로와 마르다와 마리아였네
그런데 나사로가 중병으로 죽어간다는 소식에도
예수님은 있던 곳에서 이틀이나 지체하시네

그 후에 예수님이 베다니 마을로 향하시니
나사로가 죽어 무덤에 묻힌 지 이미 나흘째네
마르다와 마리아가 예수님을 맞이하며 말하기를
주님이 여기 계셨더라면 오라비가 안 죽었을 거예요

마르다와 마리아가 슬피 우니 사람들도 따라 우네
예수님도 마음이 심히 아파 눈물을 흘리시네
사람들과 함께 나사로의 무덤에 이르신 예수님은
무덤을 막은 저 큰 돌을 옮겨놓으라고 명하시네

죽은 지 나흘째라 냄새가 난다는 마르다의 말에도
예수님이 아랑곳 않고 큰 소리로 명하시네
나사로야, 나오라!
보라, 죽은 자가 수족을 베로 동인 채 걸어 나오네

예수님이 공생애 사역을 마무리하기 위해 십자가를 지러 예루살렘으로 올라가는 도중 여리고 성읍을 지나가실 때 베푸신 표적이다(막 10:46-52; 눅 18:35-43).

여리고는 요단강을 건너면 처음 나타나는 도시로, 해수면보다 약 250m 낮다. 여기서부터 해발 762m의 예루살렘까지는 계속 오르막길이다. 예루살렘으로 향하던 예수님이 여리고 성읍을 막 빠져나갈 때, 성문 부근의 길가에 앉아 구걸하던 눈먼 거지 바디매오는 그 길로 나사렛 예수가 지나간다는 말을 듣고 죽을힘을 다해 계속 부르짖고 매달린다.

그 결과, 마침내 병 고침의 기적을 체험한다. 이때 바디매오는 예수님을 '다윗의 자손'이라 불렀다. 이는 예수님이 구약의 선지자들이 예언한바 다윗의 혈통을 좇아 이 땅에 오신 '메시아'임을 고백한 외침이다. 이런 믿음으로 그는 자신의 영육을 고칠 수 있었다.

니콜라 푸생 作 / 예수께서 여리고의 맹인을 치유하시다, 1650년

네 믿음이 너를 구원하였다

예수님이 여리고 성읍을 떠나가실 때
눈먼 거지 바디매오가 길가에 앉아 구걸하다가
나사렛 예수가 그 길로 지나간다는 말을 듣고
예수님 쪽을 향하여 목청껏 소리치네

다윗의 자손 예수여, 나를 불쌍히 여기소서!
시끄러우니, 그만 그쳐라!
사람들이 꾸짖어도 바디매오는 더욱 크게
자신을 불쌍히 여겨달라고 계속 부르짖네

예수님이 그 소리를 듣고 멈춰 서신 뒤
그 사람을 나에게로 데려오라 하시니
사람들이 그를 데려와 예수님 앞에 세우네
내가 네게 무얼 해주길 원하느냐

바디매오가 예수님께 소원을 말하네
제가 눈을 떠서 보기를 원합니다
네 믿음이 너를 구원하였다 말씀하시니
그는 즉시 보게 되어 예수님을 따라가네

예수님이 길가의 무화과나무를 저주하셔서 그 나무를 바싹 마르게 한 사건이다(마 21:18-22; 막 11:12-25). 이 사건은 고난주간의 월요일과 화요일에 걸쳐 일어났는데(주후 30년 봄) 예수님의 숱한 표적 중 유일한 파멸 표적이다.

나머지 표적들은 고치고 회복시키는 것이었다. 따라서 이 표적에 깃든 교훈은 특별하다.

일차적으로는 열매 없이 잎사귀만 무성한 무화과나무처럼 삶의 열매 없이 종교적 위선만 가득한 유대 종교지도자들, 나아가 모든 유대인이 장차 파멸의 심판을 받을 것임을 경고한 것이다.

이차적으로는 삶의 열매를 맺기 위해서는 아무 의심 없이 하나님을 굳게 믿고 구하는 바를 아뢰는 신실한 기도의 삶을 살아가야 한다는 것이다. 그래서 예수님은 성전을 강도의 소굴로 만드는 성전 안의 장사꾼들을 내쫓고 본모습대로 '기도하는 집'으로 만드셨다.

제임스 티소 作 / 예수께서 무화과나무를 저주하시다, 1894년

잔도메니코 티에폴로 作 / 예수와 열매 맺지 않는 무화과나무, 1700년대 말엽

바싹 마른 무화과나무

이른 아침 예수님이 예루살렘으로 올라가시려고
베다니에서 나와 길을 가다가 허기가 지셨네
잎사귀 무성한 무화과나무를 보신 예수님이
무화과를 구하러 다가갔으나 열매가 없네

실망한 예수님이 그 무화과나무를 저주하시네
이제부터 영원히 열매를 맺지 못하리라
예루살렘 성전에서 장사꾼들을 내쫓으신 예수님은
다시 베다니 마을로 돌아가 머무시네

이튿날 아침 예수님이 예루살렘으로 올라가실 때
저주받은 그 무화과나무가 뿌리부터 바싹 말라있네
그걸 본 베드로가 신기하여 예수님께 말하네
저주하신 무화과나무가 바싹 말랐습니다

베드로의 말에 예수님이 제자들을 가르치시네
하나님을 믿어라, 너희가 믿음이 있고 의심치 않으면
이 산더러 저 바다에 빠져라 해도 그대로 되리라
기도할 때 무엇이든 믿고 구하는 것은 다 받으리라

예수님이 십자가를 지는 날 곧 고난주간 금요일의 이른 새벽에 일어난 사건으로(주후 30년 봄), 예수님을 팔아넘긴 배반자 가룟 유다가 군인들을 이끌고 예수님을 체포하러 왔을 때다. 이때 대제사장 집안의 하인도 따라왔는데 그의 귀가 베드로의 칼에 잘려나갔고, 그 귀를 예수님이 회복시킨 표적이다.

이 사건은 복음서를 종합해서 살펴볼 때 전모를 파악할 수 있다(마 26:47-56; 막 14:43-50; 눅 22:47-53; 요 18:3-11). 대제사장 집안의 하인 이름은 말고였고(요 18:10), 베드로의 칼에 잘린 그의 귀는 오른쪽 귀였다(눅 22:50; 요 18:10). 그렇게 잘린 귀를 예수님이 손수 만져 낫게 하셨다(눅 22:51). 이는 제자에게 배반당하여 체포당하는 극한 상황에서도, 귀가 잘려 고통당하는 하인을 불쌍히 여기시어 사랑을 베푸신 예수님의 자비로운 모습을 잘 보여준다.

부르고뉴 지방의 익명의 화가 作 / 말고의 귀를 자르는 베드로, 프랑스 디종 보자르 미술관 소장

프라 안젤리코 作 / 시종 말고의 귀를 자르는 베드로, 15세기

검을 쓰는 자, 검으로 망한다

인류 구원을 위한 십자가 사역을 앞에 두고
겟세마네 동산에서 밤새워 기도하신 예수님
이른 새벽에 돌아와 보니 제자들은 자고 있네
일어나거라, 나를 넘겨줄 자가 가까이에 있다

예수님을 배반하여 팔아넘긴 제자, 가룟 유다
그가 로마 군병들과 성전의 경비병들을 이끌고
예수님이 계신 겟세마네 동산에 이르렀네
입맞춤을 신호로 예수를 체포하라고 일러두었네

유다야, 네가 입맞춤으로 인자를 파느냐
그렇다면 너는 어서 네가 할 일을 하여라
무리가 달려들어 예수님을 포박하려 할 때
시몬 베드로가 검을 빼어 한 사람의 귀를 베네

대제사장 집안의 하인 말고의 오른쪽 귀가
베드로가 휘두른 검에 그만 잘렸네
안 된다, 검을 쓰는 자는 검으로 망한다 하시며
예수님이 친히 말고의 귀를 만져 낫게 하셨네

예수님의 마지막 표적으로 부활 이후 디베랴 바다에서 고기 잡던 일곱 제자에게 베푸신 표적이다(요 21:1-13). 이때의 일곱 제자는 베드로, 도마, 나다나엘, 세베대의 아들(야고보, 요한), 그리고 제자 둘(안드레와 빌립)이다.

디베랴 바다는 갈릴리 바다 또는 게네사렛 호수라 불리기도 한다. 예수님은 공생애 초창기에 제자들을 부르실 때도 똑같은 표적을 베푸셨다(눅 5:1-11). 그때 갈릴리 바다의 어부들도 밤새 그물을 던졌으나 한 마리도 잡지 못한다. 하지만 "깊은 데로 가서 그물을 던져라!"라는 예수님의 말씀대로 했더니, 그물이 찢어질 정도로 많이 잡힌다. 이런 경험이 있었기에 요한은 똑같은 표적을 보고 바로 예수님인 줄 안다. 갈릴리 바닷가에서 이루어진 조반의 향연은 그간 서먹해진 예수님과 제자들 사이의 관계를 다시금 화기애애하게 회복시켰으리라.

라파엘 作 / 기적의 물고기 잡이, 1515-1516년

제임스 티소 作 / 우리 주 예수와 제자들의 아침식사, 1886-1894년

그물을 배 오른편에 던져라

새벽안개 잔잔히 피어오르는 디베랴 바다에서
일곱 명의 어부가 부지런히 고기를 잡네
그들은 예수님의 제자들인 베드로, 도마, 나다나엘,
세베대의 두 아들, 그리고 또 다른 제자 둘이네

밤새도록 여기저기에 그물을 던지고 또 던졌지만
한 마리도 잡지 못해 깊은 실의에 빠져 있을 때
저 멀리 바닷가에 서 있는 누군가가 말하네
그물을 배 오른편에 던져라, 그리하면 얻으리라

그 사람의 말을 듣고 제자들이 그물을 거기 던지자
고기가 아주 많이 들어 건져 올리기조차 힘드네
아, 저분은 주님이시다! 요한의 그 말에
베드로가 벗었던 몸에 겉옷 두르고 물속으로 뛰어드네

제자들이 뭍으로 올라와 보니 숯불이 피어있네
갈릴리 바닷가 숯불 위에는 생선과 빵도 있네
방금 잡은 생선도 올려서 함께 아침을 먹자구나
예수님의 말씀에 정겹고 조촐한 아침 향연이 열리네

시로 읽는 예수의 비유와 표적

지은이 김영진
초판발행 2025년 2월 일
발행처 국민일보
등록 제1995-000005호.
주소 서울 영등포구 여의공원로 101
전화 02-781-9870
홈페이지 www.kmib.co.kr

값 15,000원

ISBN 978-89-7154-368-9